AF223111

Fatale Ignoranz

Karl Raab / Ralf Vierthaler

Fatale Ignoranz

Hätten Sie doch nur

Hitlers Bekenntnisbuch

„Mein Kampf" studiert!

Bibliografische Information der Deutschen Bibliothek:
Die Deutsche Bibliothek verzeichnet diese Publikation in der Deutschen
Nationalbibliografie; detaillierte Daten sind im Internet über
<http://dnb.ddb.de> abrufbar.

© 2005 Karl Raab
Herstellung und Verlag: Books on Demand GmbH, Norderstedt
ISBN 978-3-8334-8182-6

Inhalt

VORWORT   7

HITLERS PROGRAMMSCHRIFT „MEIN KAMPF"   9
Der Autor Adolf Hitler   9
Entstehung und Verbreitung von „Mein Kampf"   18
Inhalt, Ziele und Wirkung der Programmschrift   21

HITLER UND DAS „JUDENTUM"   28
Hitlers Missbrauch des Begriffs „Judentum"   28
Zur historischen Situation der Juden in Deutschland   *31*
Die Verteufelung der Juden in „Mein Kampf"   38
Der Holocaust als Konsequenz   45

HITLER UND DIE „VOLKSDEUTSCHEN"   53
Volk – Volksdeutsche – völkischer Staat   53
Zur Geschichte der „Volksdeutschen"   59
Opfer von Hitlers Germanisierungswahn   66

HITLERS VERRAT AN SÜDTIROL ZUGUNSTEN DER
ITALIENISCHEN FASCHISTEN   79
Die Situation Südtirols nach dem Friedensvertrag von
    Saint-Germain   79
Südtirol als „Störfaktor" zwischen Hitler und Mussolini   88
Die Option der Südtiroler zwischen Italien und Deutschland   100

HITLERS ANTIPATHIE GEGEN DAS HABSBURGERREICH   107
In Wien entstanden   107
Die Doppelmonarchie und Hitlers Anschuldigungen   115

HITLERS SYMPATHIE FÜR PREUSSEN   123
In der Schule eingeimpft   123
Preußen als „Kristallisationskern eines neuen Reiches"   126

FAZIT   134
    „Mein Kampf": Hitlers Grundsatzprogramm,
    politisches Propagandamittel und rassistisches
    Lügengebäude   134

ANHANG   139
    Verzeichnis der verwendeten Literatur   139

Anmerkungen   146

VORWORT

Der erste Band von Hitlers Buch „Mein Kampf" erschien erstmals 1925 in München. Zehn Jahre später – ich war im Alter von 20 Jahren und (noch) nicht Angehöriger des Deutschen Reichs – griff ich interessehalber nach diesem Werk und studierte es gründlich durch. Ich war von dem Hass, der hier unter Verwendung übelster Vorurteile geschürt wurde, der Aggressivität, mit der die wirren Thesen vorgetragen wurden, und der Primitivität und dumpfen Irrationalität, mit der historische Tatsachen verdreht wurden, geschockt und gelangte zur festen Überzeugung: Die „Ideen", die der Autor hier propagandistisch und demagogisch vertrat, konnten bei der befürchteten Umsetzung in die politische Realität nur zu einer Katastrophe führen.

Für mich als Einzelperson konnte – über eine innere Distanz von diesem Gedankengut hinausgehend – die Konsequenz nur heißen: niemals ein Bündnis mit Hitler und seinen Schergen einzugehen, niemals zum Handlanger der nationalsozialistischen Bewegung zu werden. So lehnte ich stets höflich, aber bestimmt ab, als ich nach der Besetzung des Sudetenlandes durch Hitlers Truppen aufgrund meiner Körpergröße von 186 cm immer wieder aufgefordert wurde, mich doch zur SS zu melden. Zum Glück kam ich damit durch. Auch behielt ich wohlweislich meinen tschechischen Pass für eine glücklichere Zeit nach dem „Tausendjährigen Reich".

Obwohl nun schon 60 Jahre seit dem Zusammenbruch des NS-Regimes vergangen sind, drängt es mich angesichts der nach wie vor in der Welt mit menschenverachtenden Ideologien, Terror, Verfolgung und Mord regierenden totalitären Systeme und auch angesichts der nach wie vor in ganz Europa und auch in den USA agierenden neonazistischen Gruppierungen das in Adolf Hitlers Machwerk „Mein Kampf" publizierte Gedankengut anhand einiger ausgewählter Themenkreise als Lügengebäude zu entlarven – zur Warnung meiner Mitmenschen.

Die dabei gesetzten Schwerpunkte resultieren aus meiner eigenen Vergangenheit, wurde ich als gebürtiger Sudetendeutscher doch selbst von den Nationalsozialisten wiederholt als „Beutedeutscher" beschimpft und dementsprechend diskriminiert.

Schleching, im Januar 2005
Karl Raab

HITLERS PROGRAMMSCHRIFT „MEIN KAMPF"

Der Autor Adolf Hitler

Adolf Hitler wurde am 20. April 1889 in der oberösterreichischen Kleinstadt Braunau am Inn als Sohn eines k. k. Zollamtsoffizials, also eines Beamten, geboren. Dies sollte ihm später zur Legendenbildung dienen:

> „Als glückliche Bestimmung gilt es mir heute, daß das Schicksal mir zum Geburtsort gerade Braunau am Inn zuwies. Liegt doch dieses Städtchen an der Grenze jener zwei deutschen Staaten, deren Wiedervereinigung … als eine mit allen Mitteln durchzuführende Lebensaufgabe erscheint!
> Deutschösterreich muß wieder zurück zum großen deutschen Mutterlande, und zwar nicht aus Gründen irgendwelcher wirtschaftlichen Erwägungen heraus. Nein, nein: … Gleiches Blut gehört in ein gemeinsames Reich."[1]

Die Familie des Vaters Alois (der – als uneheliches Kind – ursprünglich nach seiner Mutter Schicklgruber hieß und erst 1876, im Alter von 39 Jahren, den Namen seines Pflegevaters Hitler annahm) wie die damit verwandte Familie der Mutter Klara (geb. Pölzl, die als dritte Frau von Alois Hitler 23 Jahre jünger als dieser war) stammten aus dem kargen Waldviertel in Niederösterreich (das deshalb 1938–1945 die Bezeichnung „Ahnengau" trug). Adolf Hitler, der Herrschernatur, Charisma und Skrupellosigkeit von seinem Vater geerbt hatte, war das vierte Kind aus dieser Ehe und das erste, das nicht im Kindesalter starb und dementsprechend von der Mutter verhätschelt wurde.[2]

Nach der vierten Klasse Volksschule, die er mit ausgezeichneten Leistungen besucht hatte, wurde Adolf im September 1901 auf die Realschule in Linz geschickt, um einmal Staatsbeamter wie sein Vater zu werden. Da er aber lieber den Beruf eines Kunstmalers ergreifen wollte, verweigerte er – so seine Aussage in „Mein Kampf" – das Lernen mit Ausnahme seiner Lieblingsfächer Zeichnen, „Geographie und mehr noch Weltgeschichte"[3]. Einen besonders negativen Einfluss übte damals auf ihn offensichtlich sein Geschichtslehrer aus, „der parteipolitisch aktive, extrem alldeutsch eingestellte Antisemit Leopold Poetsch"[4]. Sein ehemaliger Deutsch- und Französischlehrer Prof. Dr. Eduard Huemer sollte 1924 attestieren:

> „Hitler war entschieden begabt, wenn auch einseitig, hatte sich aber wenig in der Gewalt, zum mindesten galt er auch für widerborstig, eigenmächtig, rechthaberisch und jähzornig, und es fiel ihm sicherlich schwer, sich in den Rahmen einer Schule zu fügen."[5]

Schließlich brach Hitler, der nach dem Tod seines Vaters in die Staatsoberrealschule nach Steyr gewechselt war, im Herbst 1905 die Schulausbildung ohne Abschluss ab und kehrte zu seiner Mutter zurück, wo er es sich gut gehen ließ.[6]

Erst im September 1907 und dann nochmals 1908 bewarb sich Hitler um die Aufnahme in die Allgemeine Malerschule an der Akademie der Bildenden Künste in Wien – beide Male ohne Erfolg. Daraufhin jobbte er – inzwischen Vollwaise geworden – in der österreichischen Hauptstadt angeblich als Hilfsarbeiter, kopierte Ansichtskarten oder Stiche und träumte davon, einmal ein großer Architekt zu werden. Sein vorübergehender Wiener Geschäftspartner Reinhold Hanisch berichtete:

> „Wenn er sich beim Diskutieren aufregte, schrie er auf und fuchtelte mit den Armen, bis die andern im Raum zu fluchen begannen oder der Verwalter kam, um Ruhe zu gebieten. Manchmal lachten

die Leute über ihn, manchmal fühlten sie sich auch seltsam berührt … Solchen Ausbrüchen heftiger Streitsucht folgten indessen häufig Stimmungen der Verzagtheit.“[7]

Bis November 1909 bewohnte er als Untermieter verschiedene möblierte Zimmer, danach musste er froh sein, im Obdachlosenasyl in Meidling und schließlich im Männerheim an der Meldemannstraße einen Unterschlupf zu finden. In Wien bildeten sich sein Antisemitismus ebenso heraus wie sein Hass auf die Donaumonarchie. Hitlers Resümee für diesen Lebensabschnitt lautet:

„Das danke ich der damaligen Zeit, daß ich hart geworden bin und hart sein kann. … In dieser Zeit bildeten sich mir ein Weltbild und eine Weltanschauung, die zum granitenen Fundament meines … Handelns wurden. Ich habe zu dem, was ich mir so einst schuf, nur weniges hinzulernen müssen, zu ändern brauchte ich nichts.“[8]

Um sich dem Militärdienst in Wien zu entziehen (angeblich wollte er „nicht für den habsburgischen Staat fechten“[9]), setzte sich Hitler im Mai 1913 nach München ab, „eine deutsche Stadt!! Welch ein Unterschied gegen Wien! Mir wurde schlecht, wenn ich an dieses Rassenbabylon auch nur zurückdachte.“[10] Hier fand er Unterschlupf bei Schneidermeister Josef Popp. Seine wirtschaftliche Situation besserte sich zwar nicht wesentlich, doch las er viel und zimmerte sich „aus allerlei miß- und falschverstandenen Lesefrüchten … ein Weltbild zusammen“[11]. Sein späterer Mitstreiter Hermann Esser erläuterte hierzu:

„Hitler las ungeheuer viel. Er war zwar nicht in der Lage, mehr als eine Stunde am Schreibtisch zu sitzen, lag jedoch ganze Nächte hindurch wach und arbeitete Bücher und Schriften durch. … Kritiklos übernahm er nichts, besonders dann nicht, wenn die Aussagen nicht in sein Bild hineinpaßten.“[12]

Nach Ausbruch des Ersten Weltkriegs 1914 richtete Hitler, der kurz vorher bei der Musterung in Salzburg als „waffenunfähig" (also als untauglich) eingestuft worden war[13], ein „Immediatgesuch an Seine Majestät König Ludwig III."[14] von Bayern, trotz seiner österreichischen Staatsangehörigkeit als Kriegsfreiwilliger in der bayerischen Armee dienen zu dürfen. Dem wurde auch stattgegeben.

So kam Hitler an die Westfront und ging dort durch die „Feuertaufe", in der er „zum alten Soldaten" reifte[15]: zuerst in Flandern, wo er noch 1914 als Gefreiter das Eiserne Kreuz II. Klasse verliehen bekam und 1916 verwundet wurde, dann in Frankreich, wo er 1918 mit dem Eisernen Kreuz I. Klasse ausgezeichnet wurde.[16] Noch bei der Abfassung von „Mein Kampf" schwärmte er in Kriegsverherrlichung:

> „Denn was in den ganzen Monaten des Hochsommers und Herbstes 1914 von den vorwärtsfegenden deutschen Armeen an unsterblichem Angriffsgeist und Angriffsmut geleistet wurde, war das Ergebnis jener unermüdlichen Erziehung, die in langen, langen Friedensjahren aus den oft schwächlichen Körpern die unglaublichsten Leistungen herausholte und so jenes Selbstvertrauen erzog, das auch im Schrecken der größten Schlachten nicht verlorenging."[17]

Durch Giftgas erlitt Hitler eine vorübergehende Erblindung, die ihn ins Lazarett von Pasewalk in Pommern brachte, wo er vom Kriegsende überrascht und nach München entlassen wurde.[18]

Erstmals in seinem Leben hatte Hitler eine Aufgabe und eine Heimat gehabt sowie Anerkennung gefunden. Das militärische System von Befehlshaber und -empfänger, absoluter Über- und Unterordnung ließ in ihm die Idee des „aristokratischen Führerprinzips" in Staat und Politik erstehen. Nun aber war er wieder zurückgestoßen in existentielle Unsicherheit und Perspektivlosigkeit und beschloss deshalb, „Politiker zu werden"[19].

Nachdem der „Räterepublik Baiern" durch Regierungstruppen und Freikorps ein Ende bereitet worden war, wozu Hitler in keinster Weise aktiv beigetragen hatte[20], gelang es ihm, beim Gruppenkommando 4/I b/P, der Presse- und Nachrichtenabteilung der Reichswehr in München[21], als V-Mann (Hitler selbst nennt es falsch „Bildungsoffizier"[22]) tätig zu werden, um die Truppe vor sozialistischer, pazifistischer und demokratischer Infiltration zu schützen[23]. In dieser Eigenschaft besuchte er am 12. September 1919 eine Versammlung der 1918 von dem Schlosser Anton Drexler gegründeten rechtsextremen, antisemitischen Splittergruppe „Deutsche Arbeiterpartei" (DAP). Bereits vier Tage später wurde er dort Mitglied Nr. 55 (Hitler selbst schreibt fälschlicherweise Nr. 7[24]) und stieg bald dank seines Rednertalents, das die Massen anzog, und seiner skrupellosen Demagogie zum Propagandaobmann der Partei auf. Hitler hatte sofort bemerkt:

> „Was diese Menschen empfanden, das kannte auch ich: es war die Sehnsucht nach einer neuen Bewegung, die mehr sein sollte als Partei im bisherigen Sinne des Wortes. … Je länger ich nachzudenken versuchte, um so mehr wuchs in mir die Überzeugung, daß gerade aus einer solchen kleinen Bewegung heraus dereinst die Erhebung der Nation vorbereitet werden konnte."[25]

Im Jahre 1920 schloss sich die DAP mit der „Deutsch-Sozialistischen Partei" und der „Deutschen Nationalsozialistischen Partei" zur „Nationalsozialistischen Deutschen Arbeiterpartei" (NSDAP) zusammen. Als besondere Symbole der neuen Partei wurde das Hakenkreuz auf schwarzweißroter Fahne und der Heilsgruß mit der erhobenen Rechten (seit 1926 verbunden mit den Worten „Heil Hitler") eingeführt. Parteiorgan wurde der „Völkische Beobachter", die Zahl der Mitglieder (unter ihnen Ernst Röhm, Alfred Rosenberg, Rudolf Heß, Gregor Strasser, Erich Ludendorff und Julius Streicher) wuchs rasch auf 3000 an. Am 29. Juli 1921 übernahm

Hitler offiziell die Parteiführung mit diktatorischer Vollmacht; die NSDAP war zur „Hitler-Bewegung" geworden.

Hitlers Agitation, welche die Aversion von großen Teilen der Bevölkerung gegen den „Dolchstoß" des Versailler Vertrags und gegen die demokratische „Weimarer Verfassung" nutzte, gipfelte – mit Hilfe des kurz vorher mit General Erich Ludendorff gegründeten Deutschen Kampf-Bundes und des parteieigenen Schlägertrupps der SA (Sturmabteilungen) – zunächst am 8. November 1923 in Hitlers Ausrufung der „nationalen Revolution", in der die bayerische Regierung, die Reichsregierung und der Reichspräsident für abgesetzt erklärt wurden, und in der Aufforderung zu einem „Marsch auf Berlin" (nach dem Vorbild von Benito Mussolinis „Marsch auf Rom" von 1922). Diesen sogenannten „Hitler-Putsch" beendete die bayerische Landpolizei am Folgetag an der Münchner Feldherrnhalle; beim Schusswechsel starben auch 16 Marschteilnehmer, denen als „Helden" und „Blutzeugen der Bewegung" Hitlers „Mein Kampf" gewidmet ist.

Die NSDAP und ihr Organ „Völkischer Beobachter" wurden daraufhin verboten, Hitler in einem Schauprozess von einem deutschnational gesinnten Gericht unter Rechtsbeugung zu milden fünf Jahren Festungshaft verurteilt, aus der er aber bereits am 20. Dezember 1924 wieder entlassen wurde. Im Gefängnis von Landsberg am Lech diktierte Hitler dann den ersten Band seiner Programmschrift „Mein Kampf". Im Vorwort dazu heißt es:

„Damit bot sich mir nach Jahren ununterbrochener Arbeit [sic!] zum ersten Male die Möglichkeit, an ein Werk heranzugehen, das von vielen gefordert und von mir selbst als zweckmäßig für die Bewegung empfunden wurde. … Ich weiß, daß man Menschen weniger durch das geschriebene Wort als vielmehr durch das gesprochene zu gewinnen vermag, daß jede große Bewegung auf dieser Erde ihr Wachsen den großen Rednern und nicht den großen Schreibern verdankt. Dennoch muß zur gleichmäßigen und einheitlichen Vertretung einer Lehre das Grundsätzliche derselben niedergelegt werden für immer."

Kaum wieder auf freiem Fuß, gründete Hitler am 26. Februar 1925 die NSDAP neu und weitete sie auf ganz Deutschland aus. Daraufhin wurde er in Bayern mit einem (bis März 1927 gültigen) Redeverbot verhängt.[26] Im Februar 1932 erhielt Hitler, der seit 1925 staatenlos war, durch die Ernennung zum Regierungsrat bei der braunschweigischen Gesandtschaft in Berlin die deutsche Staatsangehörigkeit.[27]

Bei den Reichstagswahlen 1928 konnte die NSDAP 14 Sitze erringen, 1930 bereits 107 und 1932 gar 230, wodurch sie zur stärksten politischen Kraft im Parlament wurde. Auf seine Auftritte im Wahlkampf hatte sich Hitler durch die Erteilung eines Sprech- und Schauspielunterrichts vorbereitet. Am 30. Januar 1933 wurde er zum Reichskanzler ernannt, was die Nationalsozialisten als „Tag der Machtergreifung" feierten. Systematisch wurde nun in kürzester Zeit der Rechtsstaat demontiert: Durch die „Verordnung zum Schutz von Volk und Staat" („Reichstagsbrand-Verordnung") vom 28. Februar 1933 wurden nicht nur die Grundrechte der Bürger außer Kraft gesetzt und so die politischen Gegner ausgeschaltet, sondern wurde zugleich die Einführung von „Schutzhaft" und „Konzentrationslagern" ermöglicht; durch das „Gesetz zur Behebung der Not von Volk und Reich" („Ermächtigungsgesetz") vom 23./24. März 1933 wurde die gesamte Staatsgewalt der nationalsozialistischen Regierung übertragen und der Kontrolle durch das Parlament entzogen. Sukzessive „gleichgeschaltet" wurden daraufhin die deutschen Länder (an deren Spitze nun von Berlin eingesetzte „Reichsstatthalter" standen), aber auch Organisationen jeglicher Art und das Beamtentum (was hier eine Entlassungswelle unliebsamer Personengruppen auslöste)[28]; es ging also nicht nur eine politische Gleichschaltung vor sich, sondern auch eine des gesellschaftlichen und öffentlichen Lebens.

Wenige Tage zuvor hatte die konstituierende Sitzung des neuen Reichstags symbolträchtig am Grab des Preußenkönigs Friedrich des Großen in der Garnisonkirche von Potsdam stattgefunden und somit aller Welt signalisiert, dass sich die Hitler-Bewegung in der Tradition des Bismarck-Reiches sehe. Nach dem Tod des Reichspräsidenten Paul von Hindenburg am 2. August 1934, der Hitlers Notverordnungen unterzeichnet und damit den Weg zur NS-Diktatur geebnet hatte, wurde die Reichswehr widerstandslos auf das neue Staatsoberhaupt, den „Führer" Adolf Hitler (der nun Reichskanzler und Reichspräsident in einer Person war), vereidigt.[29]

Basierend auf Hitlers „Mein Kampf" und dem antisemitischen Parteiprogramm der NSDAP wurden auf dem Reichsparteitag 1935 in Nürnberg die „Gesetze zum Schutz des deutschen Blutes und der deutschen Ehre" (die sogenannten „Nürnberger Gesetze") verabschiedet, die in einer Pervertierung des Rechtsstaatsgedankens den Holocaust zu legitimeren versuchten: Die Judenverfolgung und der Rassenhass, die in Deutschland schon seit März 1933 an der Tagesordnung waren, wurden nun von Staats wegen für rechtens erklärt. Der Weg war frei für die ungehemmte Massenvernichtung von (ca. sechs Millionen) Juden sowie (mindestens 500.000) Sinti, Roma und anderen „Nicht-Ariern".[30]

Nachdem Hitler schon 1933 den Austritt Deutschlands aus dem Völkerbund und aus der Abrüstungskonferenz vollzogen hatte, erklärte er im Frühjahr 1935 die dem Deutschen Reich nach dem Ersten Weltkrieg auferlegten Rüstungsbeschränkungen für nichtig, führte die allgemeine Wehrpflicht wieder ein und rüstete zur Freude der heimischen Schwerindustrie auf. Am 7. März 1936 ließ Hitler deutsche Truppen in die seit 1919 entmilitarisierte Rheinzone einmarschieren; im gleichen Jahr griff die deutsche Legion „Condor" in den Spanischen Bürgerkrieg ein und zerstörte am 26. April 1937 die baskische Stadt Guernica durch Bomben. Am 13. März 1938 erfolgte der zwangsweise „Anschluss Österreichs" als Ostmark an das Deutsche Reich, am 1. Oktober musste sich die Tschechoslowakei Hitlers Druck beugen und das Sudetenland als „Reichsgau" abtreten. Dies führte am 15. März 1939 zur Zerschlagung auch der Rest-Tschechoslowakei, wobei die Tschechei als „Reichsprotektorat Böhmen und Mähren" kolonialen Status erhielt. Kurz darauf kam es zur reibungslosen Übergabe des Memellandes durch Litauen.

Als Hitler, der 1938 auch die Führung der Deutschen Wehrmacht übernommen hatte, im Erfolgsrausch den Bogen schließlich überspannte und am 1. September 1939 die Besetzung Polens anordnete, erklärten die Westmächte England und Frankreich Deutschland den Krieg: Der „totale Krieg", der als Zweiter Weltkrieg in die Geschichtsbücher eingehen sollte, nahm seinen zerstörerischen Lauf; der Holocaust weitete sich auf Europa aus.[31]

Am 9. April 1940 rückten deutsche Truppen in Dänemark und Norwegen ein, am 10. Mai begann die Niederwerfung der Niederlande, Luxemburgs, Belgiens und Frankreichs, das am 22. Juni 1940 einen Waffenstillstand unterzeichnete; der Sprung nach England aber, das Hitler in „Mein Kampf" Deutschland noch als Bündnispartner empfohlen hatte[32], misslang. Der Kriegsschauplatz verlagerte sich nun – wegen des Waffenbündnisses mit Italien (Achse Berlin–Rom seit 1936) – nach Nordafrika und auf den Balkan.

Am ersten Jahrestag des Waffenstillstands mit Frankreich 1941 griffen auf Befehl des größenwahnsinnigen „Führers" deutsche Einheiten die Sowjetunion an, obwohl mit ihr 1939 ein Nichtangriffspakt geschlossen worden war. Dieser Schritt war bereits in Hitlers „Mein Kampf" – wie übrigens auch die kriegstreiberische Haltung gegenüber Frankreich, das dort unter anderem als „Deutschlands Todfeind" (S. 699) und „afrikanischer Staat auf europäischem Boden" (S. 730) tituliert wird – angekündigt worden: als notwendiger Weltanschauungskrieg gegen den Bolschewismus (S. 586), als Rassenkrieg gegen das „Judentum" (S. 751) und als Eroberungskrieg zur Gewinnung von deutschem „Lebensraum", die „nur auf Kosten Rußlands möglich" sei (S. 154). Bis Sommer

1942 stießen die deutschen Truppen bis in den Kaukasus und an die Wolga vor.

Mit der am 2. Februar 1943 besiegelten vernichtenden Niederlage der 6. Armee vor Stalingrad wendete sich das deutsche Kriegsglück. Von nun an gab es für die deutschen Truppen nur noch eines: den Rückzug, und das an allen Fronten, nachdem Hitler – als Bündnispartner Japans – Ende 1941 auch den USA den Krieg erklärt hatte. Am 6. Juni 1944 begann die Invasion der Alliierten in der Normandie; am 25. August wurde von ihnen Paris befreit. Am 25. April 1945 konnten sich amerikanische und sowjetische Truppen in Torgau an der Elbe die Hände reichen; am 7. Mai erfolgte die bedingungslose Kapitulation der deutschen Wehrmacht, der „größte Feldherr aller Zeiten" hatte sich am 30. April 1945 durch Selbstmord aus der Verantwortung gestohlen. Sein viel beschworenes „Tausendjähriges Reich" war – Gott sei Dank – zu Ende. Deutschland lag in Trümmern, insgesamt 50–60 Millionen Tote waren auf allen Seiten zu beklagen, jeder zweite von ihnen ein Zivilist.[33]

Entstehung und Verbreitung von „Mein Kampf"

Unmittelbar nach seiner Verurteilung durch das Münchner Volksgericht am 1. April 1924 begann Adolf Hitler in der Festungshaftanstalt Landsberg am Lech mit Groll, Energie und Eifer sein Werk, das nach dem gescheiterten Putsch nicht zuletzt auch als Verteidigungs- und Rechtfertigungsschrift für eine breite Öffentlichkeit dienen sollte. Endlich hatte er Zeit und Gelegenheit, „die Ziele [der] Bewegung klarzulegen", „ein Bild der Entwicklung derselben zu zeichnen" und sich „über verschiedene Begriffe klarzuwerden"[34], die er „bis dahin nur instinktiv empfunden hatte", weswegen er später die Festungshaft auch als „Hochschule auf Staatskosten" betitelte.[35]

Es stand ihm eine reichhaltige Bibliothek zur Verfügung, die sich vor allem aus Buchgeschenken von Freunden und Verehrern zusammensetzte. An der Arbeit der übrigen Häftlinge musste er sich nicht beteiligen, da er sich am 9. November vor der Feldherrnhalle an der linken Schulter verletzt hatte und deshalb seinen linken Arm nur begrenzt bewegen konnte.

Nach Angaben von Wachtmeister Otto Lurker klapperte „tagsüber bis spät in die Nacht hinein … die Schreibmaschine, und man konnte ihn [Hitler] … seinem Freund Hess diktieren hören."[36] Ilse Heß, die Gemahlin von Rudolf Heß, bestritt dies später:

> „Der Text von ‚Mein Kampf' ist ohne jegliche Mitarbeit einer zweiten Person ausschließlich von Adolf Hitler selber mit zwei Fingern in eine uralte Schreibmaschine … getippt worden."[37]

Sie räumte aber ein, dass von ihr und ihrem Mann in stilistischer Hinsicht Korrekturen am Hitler-Manuskript vorgenommen worden seien. Den Text des zweiten Bandes habe Hitler seiner Sekretärin und seinem ehemaligen Kriegskameraden Max Amann (dem damaligen Geschäftsführer des „Zentralverlags der NSDAP, Franz Eher Nachf." und späteren Präsidenten der Reichspressekammer) in der Villa „Haus Wachenfeld" auf dem Obersalzberg bei Berchtesgaden diktiert, die Hitler hierzu im Sommer 1925 angemietet hatte. An der Autorschaft Hitlers an „Mein Kampf" kann also nicht gezweifelt werden.[38]

Als er kurz vor Weihnachten 1924 das Landsberger Gefängnis verließ, war das Manuskript des ersten Bandes mehr oder weniger fertiggestellt. Dieser konnte dann am 18. Juli 1925 im Verlag Franz Eher Nachf. in München in einer Erstauflage von 10.000 Exemplaren erscheinen. Hitler wollte ihm den Titel geben: „Viereinhalb Jahre Kampf gegen Lüge, Dummheit und Feigheit", doch Verlagsleiter Max Amann, der eigentlich mehr Autobiographisches und weniger Theoretisches erwartet hatte, setzte den griffigeren und eher verkaufsfördernden Titel „Mein Kampf" durch.[39]

Ende des Jahres 1926 wurde dann der zweite Band ausgeliefert; auch er kostete zwölf Mark. 1930 wurden dann beide Bände in einer einbändigen „Volksausgabe" im gängigen Bibelformat (mit Goldschnitt) vereint und zum Gesamtpreis von acht Mark angeboten.

Mit einer Gesamtauflage von rund zehn Millionen Exemplaren, wozu noch Übersetzungen in 16 Sprachen kamen, gehörte „Mein Kampf" bis 1945 zu den meistverbreiteten Büchern der Welt. Dementsprechend bezahlt machte sich dies auch für den Autor Adolf Hitler, der zunächst 10, dann 15 Prozent des Ladenpreises als Honorar erhielt und auf dessen Konto so zwischen 1925 und 1945 fast acht Millionen Mark eingingen, davon allein im Jahre 1933 über eine Million.

Ein Grund für die enorme Verbreitung des Buches liegt in Deutschland vor allem darin, dass es von der NSDAP sowie den verschiedenen gleichgeschalteten Vereinen und Verbänden an ihre Mitglieder verschenkt wurde, desgleichen seit 1936 an alle deutschen Brautpaare im In- und Ausland. Außerdem wurde es Schullektüre und in einer Dünndruckausgabe ab 1940 in der Wehrmacht verteilt. <u>Doch nur die wenigsten Deutschen haben das Buch ganz oder auch nur teilweise gelesen, was ihnen zum Verhängnis werden sollte.</u>

Anders im Ausland: Im Oktober 1933 erschien die erste englische Ausgabe (zunächst in gekürzter Fassung) unter dem Titel „My Struggle". Sie wurde in den großen Tageszeitungen wie „The Daily Telegraph" und „The Times" als „furchtbar", „brutal" und „zynisch" rezensiert. Während des Krieges wurde Hitlers Werk (wie auch „Das Kapital" von Karl Marx) den britischen Soldaten zum geflissentlichen Studium an die Front gesandt.[40]

Inhalt, Ziele und Wirkung der Programmschrift

Werner Maser stellt in seinem „ergänzten Vorwort zur Ausgabe von 1976" seiner Monographie über Hitlers „Mein Kampf" unter anderem fest: Diese Schrift war

> „... ein unmißverständliches und differenziertes Programm des schrecklichen Unheils, das Hitler über Deutschland und andere Länder und Völker heraufbeschwor.
> Bereits die Tatsache, daß Hitler seine folgenschwere Weltanschauung sieben Jahre nach dem Ersten Weltkrieg ... bedenkenlos veröffentlichte und auch danach keine Korrekturen an ihnen vornahm, hätte nicht nur das deutsche Volk warnen müssen, zumal Hitler nicht nur seinen schweren politischen Mißerfolg [beim Hitler-Putsch] ignorierte ..., sondern auch nach wie vor ostentativ betonte, mit prophetischen Gaben begnadet zu sein und die furchtbaren Konsequenzen seiner Überlegungen offen ... formulieren zu müssen."

Schon auf den ersten Blick erscheint Hitlers „Mein Kampf", „das 1. Autobiographisches, 2. Aussagen über ein politisches und ideologisches Glaubensbekenntnis und 3. Bausteine eines politischen Programms enthält"[41], als eine Sammlung von in sich geschlossenen und weltanschaulich kontinuierlichen, aber unsystematisch aneinander gefügten Kapiteln, als „eine Aneinanderreihung von Leitartikeln", wie Hitler selbst einmal äußerte.[42]

Der erste Band trägt den Titel „Eine Abrechnung", umfasst 406 Seiten und beinhaltet folgende zwölf Kapitel, die meist von Hitlers zum Teil geschönter bzw. verfälschter Biographie ausgehen:

1. Im Elternhaus
2. Wiener Lehr- und Leidensjahre

3. Allgemeine politische Betrachtungen aus meiner Wiener Zeit
4. München
5. Der Weltkrieg
6. Kriegspropaganda
7. Die Revolution
8. Beginn meiner politischen Tätigkeit
9. Die „Deutsche Arbeiterpartei"
10. Ursachen des Zusammenbruchs
11. Volk und Rasse
12. Die erste Entwicklungszeit der Nationalsozialistischen Deutschen Arbeiterpartei.

Der zweite Band mit dem Titel „Nationalsozialistische Bewegung" ist etwas dünner und enthält folgende 15 Kapitel:

1. Weltanschauung und Partei
2. Der Staat
3. Staatsangehöriger und Staatsbürger
4. Persönlichkeit und völkischer Staatsgedanke
5. Weltanschauung und Organisation
6. Der Kampf der ersten Zeit – Die Bedeutung der Rede
7. Das Ringen mit der Roten Front
8. Der Starke ist am mächtigsten allein
9. Grundgedanken über Sinn und Organisation der SA
10. Der Föderalismus als Maske
11. Propaganda und Organisation
12. Die Gewerkschaftsfrage
13. Deutsche Bündnispolitik nach dem Kriege
14. Ostorientierung oder Ostpolitik
15. Notwehr als Recht

Klingen manche Kapitelüberschriften (wie beispielsweise das zuletzt genannte) schon bedrohlich, so spürt der Benützer, ohne das

Buch lesen zu müssen, über das vorangestellte „Personen- und Sach-verzeichnis", das mit 373 Hauptstichwörtern ungewöhnlich ausführ-lich ist, sehr rasch das Gift, das hier verspritzt wird, und die Gefahr, die von diesem Gedankengebäude ausgeht. So wird man etwa unter dem Stichwort „Judentum" unter anderem auf die „Gefahr jüdischer Bastardierung", auf „Jüdische Gefahr und Zusammenbruch 1918", auf die „Meister der Lüge", die „Väter der Weimarer Verfassung", die „Schmarotzer", die „Tricks" oder die „Welthetze gegen Deutschland" verwiesen. Die „Habsburger" werden als „deutschfeindlich" gekenn-zeichnet und ihnen „Sünden an Italien" vorgeworfen. „Italien" hin-gegen erscheint als „deutschlandfreundliches" Land, mit dem „ein Bündnis erwünscht" sei, und „Preußen" gar als „Beispiel idealer Staatenbildung". Das Verwirrspiel macht auch vor „völkisch" nicht Halt: Zunächst heißt es im Register, der Begriff sei „zu wenig fass-bar"; dies hindert aber nicht, anschließend von einem „völkischen Staat" (beispielsweise beim „germanischen Staat deutscher Nation") oder einer „völkischen Weltanschauung" zu sprechen. Bezeichnend ist auch, dass etwa „Friede" (außer in den „Friedensverträgen von Versailles und Brest-Litowsk", die zur „Versklavung" geführt hätten) oder „Versöhnung" nicht als Stichwörter vorkommen.

Demjenigen, der das „Personen- und Sachverzeichnis" überblät-tert hat und nur im Buch „Mein Kampf" etwas schmökert, ohne es eigentlich lesen zu wollen, erschließt sich der Inhalt aufgrund der Kolumnentitel über jeder Seite, die etwa lauten: „Judenbekämp-fung auf religiöser Grundlage" (S. 131), „Wachsende Abneigung gegen den Habsburgerstaat" (S. 134), „Die jüdische Pressetaktik" (S. 266), „Der Jude ein Parasit" (S. 334), „Völkische Einstellung auf Rasse und Persönlichkeit" (S. 421) oder „Falsche Vorstellungen von ‚Germanisation'" (S. 429).

Das plakative Element der Kolumnentitel (wie der im zweiten Band immer umfangreicheren Spationierung von Textstellen) zeigt zum einen, dass Hitler hierbei von seiner selektiven Lesegewohn-heit ausging, und zum andern, dass es sich bei seinem Werk vor allem um Propaganda handelt (der ja in „Mein Kampf" auch zwei Kapitel eingeräumt sind):

> „Sie hat sich ewig nur an die Masse zu richten! Für die Intelligenz ... ist nicht Propaganda da, sondern wissenschaftliche Belehrung. Propaganda aber ist so wenig Wissenschaft ihrem Inhalte nach, wie etwa ein Plakat Kunst ist in seiner Darstellung an sich. Die Kunst des Plakates liegt in der Fähigkeit des Entwerfers, durch Form und Farbe die Menge aufmerksam zu machen. ...
> Ähnlich liegen die Verhältnisse auch bei dem, was wir heute mit dem Wort Propaganda bezeichnen.
> Die Aufgabe der Propaganda liegt nicht in einer wissenschaftlichen Ausbildung des einzelnen, sondern in einem Hinweisen der Masse auf bestimmte Tatsachen, Vorgänge, Notwendigkeiten usw., deren Bedeutung dadurch erst in den Gesichtskreis der Masse gerückt werden soll. ... Da ihre Aufgabe ja genau wie bei dem Plakat im Aufmerksammachen der Menge zu bestehen hat, ... so muß ihr Wirken auch immer mehr auf das Gefühl gerichtet sein und nur sehr bedingt auf den sogenannten Verstand."[43]

Weil es sich bei „Mein Kampf" um Propaganda handelt, kommt es auch hier nicht so sehr auf den Wahrheitsgehalt an. Denn „die allererste Voraussetzung jeder propagandistischen Tätigkeit" ist „die grundsätzlich subjektiv einseitige Stellungnahme":

> „Was würde man zum Beispiel über ein Plakat sagen, das eine neue Seife anpreisen soll, dabei jedoch auch andere Seifen als ‚gut' bezeichnet? ...
> Die Aufgabe der Propaganda ist z. B. nicht ein Abwägen der verschiedenen Rechte, sondern das ausschließliche Betonen des einen eben durch sie zu vertretenden. Sie hat nicht objektiv auch die Wahrheit, soweit sie den anderen günstig ist, zu erforschen ..., sondern ununterbrochen der eigenen zu dienen.

Es war grundfalsch, die Schuld am [Ersten Welt-]Kriege von dem Standpunkt aus zu erörtern, daß nicht nur Deutschland allein verantwortlich gemacht werden könnte für den Ausbruch dieser Katastrophe, sondern es wäre richtig gewesen, diese Schuld restlos dem Gegner aufzubürden, selbst wenn dies wirklich nicht so dem wahren Hergange entsprochen hätte …

… Die Masse ist nicht in der Lage, nun zu unterscheiden, wo das fremde Unrecht endet und das eigene beginnt."[44]

Dementsprechend gleicht die Diktion in Hitlers „Mein Kampf" – mit Ausnahme einiger gewollt literarischer Stellen, die seine Kindheit (etwa den Aufstieg seines Vaters) und besonders seinen Einsatz im Ersten Weltkrieg betreffen – auf weiten Strecken der von Kampf- und Hetzreden bei rechtsradikalen Versammlungen und Stammtischrunden. Die Weltanschauung Hitlers und die daraus resultierende unheimliche Prognose für eine Zukunft unter seiner Führung sind dabei unüberhörbar: die „Gewinnung fremden Bodens durch Raubkrieg [Lebensraumdoktrin], die gleichzeitige Ausrottung der Juden in dem eroberten Territorium, einem zusammenhängenden Großraum in Europa mit Überseebasen [universaler, rassisch begründeter Antisemitismus], die rassenideologische Ummodelung des deutschen Volkes und die bedingungslose Souveränität eines totalitär geführten nationalsozialistischen ‚Rassenstaates'".[45]

So kann man beispielsweise auf S. 740/41 von „Mein Kampf" unter dem Kolumnentitel „Keine Sentimentalität in der Außenpolitik" die verblüffend unverblümte Aussage lesen:

„So wie unsere Vorfahren den Boden, auf dem wir heute leben, nicht vom Himmel geschenkt erhielten, sondern durch Lebenseinsatz erkämpfen mußten, so wird auch uns in Zukunft den Boden und somit das Leben für unser Volk keine göttliche Gnade zuweisen, sondern nur die Gewalt eines siegreichen Schwertes.
So sehr wir heute auch alle die Notwendigkeit einer Auseinan-

dersetzung mit Frankreich erkennen, so wirkungslos bliebe sie in der großen Linie, wenn sich in ihr unser außenpolitisches Ziel erschöpfen würde. Sie kann und wird nur Sinn erhalten, wenn sie die Rückendeckung bietet für eine Vergrößerung des Lebensraumes unseres Volkes in Europa."

Das heißt, dass der dem deutschen Volk angeblich „fehlende Lebensraum" in Europa erobert werden müsse, und zwar nach der Niederwerfung Frankreichs in der Weite Russlands. Denn „wollte man in Europa Grund und Boden, dann konnte dies im großen und ganzen nur auf Kosten Rußlands geschehen".[46] Der militärische Erfolg sei dann Legitimation: „… nur in dieser Kraft [der Eroberer] allein liegt … das Recht"[47].

Um ja keine Zweifel an der Richtigkeit und Notwendigkeit eines Eroberungskrieges gegen Russland aufkommen zu lassen, wurde zudem die völlig unhaltbare Behauptung aufgestellt:

„Im russischen Bolschewismus haben wir den im zwanzigsten Jahrhundert unternommenen Versuch des Judentums zu erblicken, sich die Weltherrschaft anzueignen …"[48]

Doch auch die Unterwerfung Europas war nur als ein erster Schritt gedacht. Im Schlusswort wird – unter dem wohlweislichen Hinweis, „wenn je die Größe der Opfer zum bangen Vergleich mit dem möglichen Erfolg verleiten sollte" – folgendes Ziel in Aussicht gestellt:

„Ein Staat, der im Zeitalter der Rassenvergiftung sich der Pflege seiner besten rassischen Elemente widmet, muß eines Tages zum Herrn der Erde werden."

Dazu sei es aber vorher nötig, dass sich Deutschland nach dem Vorbild der „Bewegung" (der NSDAP) „auf das tiefste Wesen [seines]

Kampfes besinnt und als reine Verkörperung des Wertes von Rasse und Person sich fühlt" und dass es nach den „gleichen Grundsätzen [Führerprinzip] geführt und organisiert wird".[49] Von der „Bewegung" aber heißt es in „Mein Kampf":

> „[Sie] ist ihrem Wesen und ihrer inneren Organisation nach antiparlamentarisch, d.h. sie lehnt im allgemeinen wie in ihrem eigenen inneren Aufbau ein Prinzip der Majoritätsbestimmung ab, in dem der Führer nur zum Vollstrecker des Willens und der Meinung anderer degradiert wird."[50]

Dies alles war seit 1925/26 in dieser „NS-Bibel"[51] schwarz auf weiß zu lesen und wurde ab 1933 von Hitler konsequent und buchstabengetreu bis zum bitteren Ende realisiert. Aus heutiger Sicht erscheint die aktuell zu Hitlers Ernennung zum Reichskanzler veröffentlichte Anzeige des Verlags Franz Eher Nachf. für Hitlers „Mein Kampf" im „Völkischen Beobachter" vom 31. Januar 1933 geradezu als zynisch:

> „Was wird Adolf Hitler tun? … Diese Frage kann jeder beantworten, der sein [Hitlers] Werk und damit sein Wollen und Ziel kennt. Jeder, ob Freund oder Feind, kann jetzt das Werk Hitlers nicht unbeobachtet lassen."[52]

Leider wurde dieser Aufforderung in Deutschland weitgehend nicht Folge geleistet.[53] Daher gilt hier für viele, was Hitler am 3. Oktober 1941 erklärte:

> „Es gibt in der Geschichte keine Entschuldigung für ein Versehen – eine Entschuldigung, die etwa darin besteht, daß man nachträglich erklärt, ich habe das nicht gemerkt, oder ich habe nicht daran geglaubt."[54]

HITLER UND DAS „JUDENTUM"

Hitlers Missbrauch des Begriffs „Judentum"

Die erste und grundsätzliche Frage lautet: Was versteht man unter Judentum? Was sind die Juden? Ein Volk? Eine Nation? Eine Religionsgemeinschaft? Oder gar eine Rasse? Dies ist deshalb nicht ganz einfach zu beantworten, weil der Begriff im Lauf der Geschichte offenbar eine Wandlung erfahren hat:

> „In der Antike, zu Zeiten eines eigenen Staatswesens, waren die Juden ein Volk mit eigener Religion. Auch in nachstaatlicher Zeit galt diese Definition noch.
> Im Mittelalter, unter den christlichen und islamischen Völkern, war die jüdische Identität vornehmlich ein Problem der Religionszugehörigkeit. Mit dem Übertritt zum Christentum oder Islam erfolgte im Prinzip auch die völlige religiöse und soziale Trennung von der jüdischen Gemeinschaft.
> Andererseits sind seit der Antike auch Angehörige anderer Völker und Religionen zum Judentum konvertiert. Gegenüber diesen sogenannten Proselyten gab es seitens der jüdischen Gelehrten unterschiedlichste Auffassungen, die von schroffer Ablehnung bis zu wohlwollender Befürwortung reichten. ...
> In der Neuzeit, beginnend mit dem Zeitalter der Emanzipation, wurde ein völlig neues Selbstverständnis entwickelt: zumindest in den westeuropäischen Ländern gab es nun den Staatsbürger jüdischen Glaubens. Ethnisch konnte sich dieser als Deutscher, Franzose oder Engländer fühlen, als Gläubiger blieb er seiner jüdischen Religion verpflichtet."[55]

Laut Brockhaus-Enzyklopädie[56] bezeichnet der Begriff „Judentum" daher sowohl „die Religion des ‚Volkes Israel'" als auch die „Gesamtheit derer, die ihr als ethnische und religiöse Gemeinschaft angehören". Für Hitler hingegen stand fest:

> „Es gehört zu den genialsten Tricks, die jemals erfunden worden sind, diesen [jüdischen] Staat als ‚Religion' segeln zu lassen und ihn dadurch der Toleranz zu versichern ... Denn tatsächlich ist die mosaische Religion nichts anderes als eine Lehre der Erhaltung der jüdischen Rasse."[57]
>
> „Das Judentum war immer ein Volk mit bestimmten rassischen Eigenarten und niemals eine Religion. ... Denn ... aus dem ursprünglichen eigenen Wesen kann der Jude eine religiöse Einrichtung schon deshalb nicht besitzen, da ihm der Idealismus in jeder Form fehlt und damit auch der Glaube an ein Jenseits vollkommen fremd [sic!] ist."[58]

Mit dieser (ahistorischen wie – in verschiedener Hinsicht –unwissenschaftlichen) Definition bezweckte Hitler zweierlei: Zum einen wollte er dadurch das Judentum, das ja zweifellos die Mutterreligion des Christentums ist, dem Blickwinkel und der Sympathie der Christen entrücken und so sein zukünftiges Vorgehen gegen die Juden einem möglichen Widerstand der Christen entziehen. Zum andern konnte er dadurch den „Juden" als negativen Gegenpol, als Antitypus zum „Arier", diesem „Kulturbegründer" und „Eroberer", abstempeln, der in Anlehnung an Joseph Arthur de Gobineaus „Essai sur l'inégalité des races humaines" (1853/55) in der Gestalt des Germanen angeblich die edelste und damit wertvollste Rasse verkörpern sollte. Doch wie beispielsweise bereits Eva G. Reichmann feststellte:

> „Schon der Ausdruck ‚arische Rasse' war ein Unsinn. Der Ausdruck ist die völlig unzulässige Übertragung eines philologischen Begriffs

auf einen konstruierten biologischen Tatbestand. – 1816 hatte Franz Bopp in seinem Werk ‚Über das Konjugationssystem der Sanskrit-Sprache in Vergleichung mit jenem der griechischen, lateinischen, persischen und germanischen Sprache‘ nachgewiesen, daß diese Sprachen in einem engen Verhältnis zueinander stünden und auf einen gewissen Ursprung zurückzuführen seien. Dieser Ursprung wurde als ‚indogermanisch‘, später auch als ‚arisch‘ bezeichnet. Mit anderen Worten: ‚arisch‘ ist nur brauchbar als Bezeichnung für eine Sprachfamilie …“[59]

Besonders irrwitzig und gefährlich an dieser (nicht erst) von Hitler propagierten Rassenlehre war, dass sie bestimmte biologische Grundtypen und körperliche Gegebenheiten mit geistig-seelischen bzw. charakterlichen Eigenschaften verknüpfte, wonach beispielsweise ein Mensch mit blonder Haarfarbe treu und ein Nichtblonder treulos sei. Kombiniert mit Charles Darwins Evolutionstheorie, die auf den „Kampf ums Dasein“, die „Auslese der Besten“ und das „Überleben des Besseren“ setzt, führte sie direkt zur Legitimation von Unterdrückung schwächerer und Ausrottung angeblich minderwertiger Mitglieder der Gesellschaft.[60]

Mit der ungerechtfertigten Gleichsetzung von Judentum und Rasse musste Hitler die Verfolgung nicht mehr nur auf „Volljuden“ beschränken, sondern konnte sie auch auf „Halb-“ und schließlich sogar „Vierteljuden“ ausdehnen, also auf jene „Juden“, die (zum Teil seit Generationen) Christen waren, aber beispielsweise einen jüdischen Vater oder eine jüdische Großmutter hatten. Denn eine Mischehe zwischen Ariern und Nichtariern sei – so Hitler – schlichtweg widernatürlich:

„Jedes Tier paart sich nur mit einem Genossen der gleichen Art. Meise geht zu Meise, Fink zu Fink, der Storch zur Störchin, Feldmaus zu Feldmaus, Hausmaus zu Hausmaus, der Wolf zu Wölfin usw. …

Jede Kreuzung zweier nicht ganz gleich hoher Wesen gibt als Produkt ein Mittelding zwischen der Höhe der beiden Eltern. Das heißt also: das Junge wird wohl höher stehen als die rassisch niedrigere Hälfte des Elternpaares, allein nicht so hoch wie die höhere. Folglich wird es im Kampf gegen diese höhere später unterliegen. Solche Paarung widerspricht aber dem Willen der Natur zur Höherzüchtung des Lebens überhaupt."[61]

Da erhebt sich sofort die Frage, wie konnte Hitler überhaupt die mehr oder weniger allgemeine Akzeptanz einer „Minderwertigkeit" von Juden (jeglicher Art) in der breiten Bevölkerung durchsetzen, und noch dazu in so kurzer Zeit.

Zur historischen Situation der Juden in Deutschland

Ein Blick auf die Geschichte der Juden in Deutschland, und zwar nicht im Zerrspiegel von Hitlers „Mein Kampf", kann die Feindseligkeit gegenüber Juden nachvollziehbarer, aber nicht verständlicher machen.

„Mit dem Entstehen der ersten festen Siedlungen ist der Jude plötzlich ,da'", schreibt Hitler[62] – allerdings zunächst nicht, wie Hitler vorgibt, als Händler und auch nicht freiwillig, sondern weil die römische Weltmacht, die 63 v.Chr. Judäa unterworfen, 70 n.Chr. den Tempel in Jerusalem zerstört und 135 n.Chr. mit der Niederwerfung des Aufstands von Simeon Bar Kochba jegliche Eigenstaatlichkeit der Israeliten beendet hatte, die Juden zu Flüchtlingen machte oder sie schließlich – sofern sie überlebt hatten – massenweise als Sklaven in die verschiedenen Provinzen verschleppte.[63] „Nicht die Juden, sondern die Römer haben Europa erobert", kommentiert Chaim Frank zutreffend.[64] Juden sind so seit 321 (also in etwa zeitgleich mit den ersten Christen) auch im Bereich des heutigen

Deutschland nachweisbar, und zwar in den römischen Großsiedlungen an Rhein und Donau.

Nach der Erhebung des Christentums zur römischen Staatsreligion wurden die Juden sukzessive zu Bürgern minderen Rechts, denen zunächst der Bau von Gotteshäusern oder dann die Übernahme öffentlicher Ämter verboten wurde, aber sie wurden nicht generell verfolgt. Nach dem Zusammenbruch des Imperium Romanum mussten sich die Juden ihre Rechte jeweils bei den verschiedenen Landesherren (weltlichen wie geistlichen) erkaufen, was nicht nur Schutz, sondern auch Abhängigkeit von diesen und deren jeweiligen Interessen mit sich brachte. Durch Privilegien ausgestattet, konnten die Juden eigene Gemeinden bilden und dort auch ihre Religion ausüben. Da den Christen 1215 durch die Kirche das Verleihen von Geld gegen Zins verboten worden war, bot sich für die Juden, die durch die Zunftordnungen aus vielen Handwerksberufen ausgeschlossen waren, keinen Fernhandel betreiben und auch keinen Landbesitz erwerben durften, im Pfandleih- und Geldgeschäft – neben dem Kleinhandel – die einzige Möglichkeit einer Existenzsicherung. Christen wurden so bald zu Schuldnern von Juden.

Diese von außen erzwungene und nicht von den Juden freiwillig herbeigeführte oder ihnen gar auf den Leib geschriebene Situation führte bald zu Spannungen zwischen der jüdischen Minderheit und der christlichen Mehrheit. Sie entluden sich erstmals während der Zeit der Kreuzzüge 1096 und 1147/49 in blutigen Judenverfolgungen, die nicht wenige hochverschuldete Adelige zugleich dazu nutzten, wieder schuldenfrei zu werden.

Als „Gottesmörder" und „Teufelssöhne" wurden die Juden nun – ähnlich anderen verachteten Personengruppen wie beispielsweise Huren oder Scharfrichtern – einer bestimmten Kleiderordnung (vgl. den sogenannten „Judenhut") unterworfen, mussten darüber hinaus zur Warnung der Mitmenschen auffällige Abzeichen tragen und wurden in abgeriegelten Ghettos am Stadtrand ausgegrenzt. Sie wurden zu Sündenböcken abgestempelt, denen so absurde Verbrechen wie Hostienfrevel, Ritualmorde an Kindern oder auch (besonders in Zeiten der Pest) Brunnenvergiftung angehängt wurden. Zwischen 1347 und 1354 wurden unter diesen Anschuldigungen allein in Deutschland 350 jüdische Gemeinden vernichtet, ihre Mitglieder grausam ermordet oder zumindest vertrieben. Daher setzte im ausgehenden Mittelalter eine bis ins 17. Jahrhundert andauernde jüdische Auswanderungswelle nach Osteuropa (zunächst vor allem Polen) ein, wo sich die Juden gegen ihre slawische Umwelt (auch politisch und kulturell) abschotteten und das aus dem mittelalterlichen Deutsch entwickelte Jiddisch sprachen.

Nicht selten kam es in Deutschland vor, dass nach einem Pogrom Juden auch wieder angesiedelt wurden, weil man dringend Geldgeber (und nur solche) benötigte. Da – wie gesehen – das Risiko, das die Juden in dieser (für sie lebensrettenden) Zwangsrolle eingingen, sehr groß war, stiegen die Zinsen, die sie nahmen, dementsprechend.[65]

Hitler knüpfte nun an die dumpfen bzw. absichtlich gestreuten Vorurteile des Mittelalters gegenüber den Juden an, ja baute sie noch durch die pauschale Verdächtigung der Förderung von Prostitution und Mädchenhandel[66] aus, verdrehte Tatsachen und mixte daraus ein hasserfülltes wie Hass schürendes Gebräu aus Halbwahrheiten und Lügen:

„Das Geldgeschäft und der Handel sind restlos sein [des Juden] Monopol geworden. Seine Wucherzinsen erregen endlich Widerstand, seine zunehmende sonstige Frechheit aber Empörung, sein Reichtum Neid. Das Maß wird übervoll, als er auch den Grund und Boden in den Kreis seiner händlerischen Objekte einbezieht und ihn zur verkäuflichen, besser handelbaren Ware erniedrigt. … Seine blutsaugerische Tyrannei wird so groß, daß es zu Ausschreitungen gegen ihn kommt. …

Nun beginnt der Jude aber seine wahren Eigenschaften zu enthüllen. Mit widerlicher Schmeichelei macht er sich an die Regierungen heran. … Er bettelt um ‚Freibriefe‘ und ‚Privilegien‘, die er von den stets in Finanznöten befindlichen Herren gegen entsprechende Bezahlung gerne erhält."[67]

Zu Beginn der Neuzeit änderte sich an der Situation der Juden in Deutschland nur wenig. Martin Luther goss aus Enttäuschung darüber, dass sich die Juden nicht seiner Lehre angeschlossen hatten, mit dem Pamphlet „Von den Juden und ihren Lügen" 1543 zusätzlich Öl ins Feuer: Nach Empfehlungen, wie beispielsweise Synagogen und jüdischen Schulen niederzubrennen oder Rabbinern ein Lehrverbot zu erteilen, kam er darin zu dem Ergebnis, dass „ein Christ nächst dem Teufel keinen giftigeren Feind … als einen Juden" habe. Wen wundert es, dass es bis ins 17. Jahrhundert hinein nach wie vor immer wieder zu Übergriffen auf Juden kam. Zu einer größeren Beliebtheit der Juden im Volk trug auch nicht bei, dass einige (wenige) von ihnen aufgrund ihres Finanzgeschicks im Zuge des Merkantilismus zu einflussreichen Positionen an Königs- und Fürstenhöfen aufstiegen. Letzteres führte im Gegenteil wiederholt dazu, dass sogenannte „Hofjuden" nach dem Tod ihres Dienstherrn für dessen Politik büßen mussten, wie das berühmte Beispiel von Josef Süß Oppenheimer (1692–1738) zeigt[68] – nicht nur für Veit Harlan („Jud Süß", 1940) eine willkommene Gelegenheit zur Judenhetze, sondern auch für Adolf Hitler:

„Den deutschen Fürsten ist es zu danken, daß die deutsche Nation sich von der jüdischen Gefahr nicht endgültig zu erlösen vermochte. … Sie verbündeten sich mit dem Teufel und landeten bei ihm. … So hat jeder Hof seinen ‚Hofjuden‘ – wie die Scheusale heißen, die das liebe Volk bis zur Verzweiflung quälen und den Fürsten das ewige Vergnügen bereiten. Wen will es da wundernehmen, daß diese Zierden des menschlichen Geschlechtes endlich auch äußerlich geziert werden und in den erblichen Adelsstand emporsteigen, so mithelfend, auch diese Einrichtung nicht nur der Lächerlichkeit preiszugeben, sondern sogar zu vergiften."[69]

Dies sollte Hitler allerdings nicht davon abhalten, sich dann selbst Finanzen und wirtschaftliches Know-how von „Juden" für sein Machtstreben und seine Rüstungs- bzw. Kriegspläne zunutze zu machen.

Im heutigen Bayern waren die Juden vor der Industrialisierung größtenteils nicht in den Städten angesiedelt, sondern auf dem Land. Diese sogenannten „Landjuden" waren bis ins 20. Jahrhundert hinein

„… die wichtigsten Kleinverteiler der Warenströme auf dem Land, ohne die die Versorgung der ländlichen Bevölkerung nicht funktioniert hätte. Das Gerede vom ‚Jüdischen Wucher' erwies sich dabei oft als zielgerichtete Verleumdung besorgter Konkurrenten, wie zahlreiche zeitgenössische Zeugnisse [aus dem Zeitraum zwischen etwa 1600 und 1900] bestätigen."[70]

Infolge der Aufklärung und der Französischen Revolution wurden dann auch die Juden in Deutschland gleichgestellt, was aber in der Restaurationsphase nach dem Wiener Kongress (1814/15) wieder Einschränkungen erfuhr (weswegen sich nicht wenige Juden der deutschen Freiheitsbewegung anschlossen). Dennoch konnten die Juden West- und Mitteleuropas jetzt erstmals an den nationalen Kulturen partizipieren und sich assimilieren (was innerhalb der jüdischen Gemeinschaft zur Polarisierung zwischen Orthodoxen und Reformern führte).

Bei der Industrialisierung und wirtschaftlichen Globalisierung im 19. Jahrhundert erwiesen sich die Juden, die ja keinen überkommenen Strukturen verhaftet waren (also nichts zu verlieren hatten) und immer schon auf Improvisation angewiesen waren, als die Wendigeren und Aufgeschlosseneren. Doch wurden Juden damals nicht nur in Handel, Industrie- und Finanzwelt führend, sondern genauso in den sogenannten Freien Berufen (die ihnen ebenfalls ohne Einschränkungen offen standen).[71]

So kam es, „daß in wenigen Jahrzehnten sich nicht nur die Berufe der Ärzte und Anwälte mit Juden füllten und überfüllten, sondern in Deutschland sowohl wie in Österreich ein großer Teil des Kulturbetriebes, des Zeitungs- und Verlags- und Theaterwesens in jüdische Hände geriet."[72]

Mit der sozialen Emanzipation häuften sich Konversionen von Juden zum christlichen Glauben, um sich so – nach Heinrich Heine – „das Entréebillet zur Gesellschaft" zu erwerben.

In der Hasstirade von Hitlers „Mein Kampf" hört sich die soeben aufgezeigte Entwicklung folgendermaßen an:

„Sie waren bisher Juden, d.h. man legte keinen Wert darauf, als etwas anderes erscheinen zu wollen, und konnte dies auch nicht bei den so überaus ausgeprägten Rassemerkmalen. ...
Nun aber sollte dies anders werden. Im Laufe von mehr als tausend Jahren hat er [der Jude] die Sprache des Gastvolkes so weit beherrschen gelernt, daß er es nun wagen zu können glaubt, sein Judentum künftig etwas weniger zu betonen und sein ‚Deutschtum' mehr in den Vordergrund zu stellen; denn so lächerlich, ja aberwitzig es zunächst auch erscheinen mag, nimmt er sich dennoch die Frechheit heraus und verwandelt sich in einen ... ‚Deutschen'. Damit setzt eine der infamsten Täuschungen ein, die sich denken läßt. ...
Der Grund ... liegt auf der Hand. Er fühlt, wie die Macht der Fürsten langsam ins Wanken gerät, und sucht deshalb frühzeitig eine Plattform unter seine Füße zu bekommen. ... So ist sein einziges Streben darauf gerichtet, sich in den Vollbesitz der ‚staatsbürgerlichen' Rechte zu setzen. ... So entwickelt sich aus dem Hofjuden

langsam der Volksjude. … Langsam macht er sich zum Wortführer einer neuen Zeit. … Endlich aber wächst die jüdische Einflußnahme auf wirtschaftliche Belange über die Börse nun unheimlich schnell an. Er wird zum Besitzer oder doch zum Kontrolleur der nationalen Arbeitskraft. …

[Schließlich] kommt zur Freimaurerei als zweite Waffe im Dienste des Judentums: die Presse. In ihren Besitz setzt er sich mit aller Zähigkeit und Geschicklichkeit. Mit ihr beginnt er langsam das ganze öffentliche Leben zu umklammern und zu umgarnen, zu leiten und zu schieben …"[73]

Hitler spielte absichtlich immer nur auf die (mit Vorurteilen belasteten) Leistungen der jüdischen Mitbürger in wirtschaftlicher und finanzieller Hinsicht an, verschwieg aber deren hervorragende Verdienste auch auf den Gebieten der Wissenschaften und Künste, ja beschuldigte diese wider besseres Wissen sogar, vortäuschen zu wollen, „daß sie der intellektuellen Veranlagung der übrigen Rassen ebenbürtig wären", obwohl sie eigentlich kein „Kulturvolk" seien[74]. In Wahrheit befanden sich aber beispielsweise unter den zwölf deutschen Nobelpreisträgern zwischen 1905 und 1925 (nach Hitlers Definition) zehn jüdische: Adolf von Baeyer (1905 für Chemie), Paul Ehrlich (1908 für Medizin), Paul Heyse (1910 für Literatur), Otto Wallach (1910 für Chemie), Richard Willstätter (1915 für Chemie), Fritz Haber (1918 für Chemie), Albert Einstein (1921 für Physik), Otto Meyerhoff (1922 für Medizin), James Franck und Gustav Hertz (beide 1925 für Physik).[75]

Mit dem gesellschaftlichen Aufstieg und Erfolg der Juden wuchs der – wie ihn Wilhelm Marr 1879[76] erstmals bezeichnete – „Antisemitismus" der Konkurrenten, Neider und Zukurzgekommenen. Sie organisierten sich in Vereinen und Parteien, welche die Judenfeindschaft zum Programm erhoben. Zahlreiche antisemitische Publikationen wurden gedruckt und verspritzten ihr Gift in die Gehirne der Leser.

„Zu den langfristig folgenreichsten ... gehörte Eugen Dührings 1880 erstmals erschienenes Buch ‚Die Judenfrage', in dem er – dem Prinzip folgend, gegen einen ‚Ausnahmestamm' seien ‚Ausnahmeverhalten und Ausnahmegesetzgebung' notwendig – für rigorose Ausgrenzung plädierte: Nichtzulassung von Juden zum Öffentlichen Dienst, insbesondere zur Justiz, ‚Entjudung der Presse', gesellschaftliche Ächtung von ‚Mischehen' oder ‚Mediatisierung der hebräischen Finanzdynastien' ..."[77]

Schließlich versuchte man die Juden nicht nur für eigene Schwächen und Fehler verantwortlich zu machen, sondern sogar für die Niederlage Deutschlands im Ersten Weltkrieg. Auf diesem Nährboden konnte Hitler seinen Hass auf das „Judentum" säen und den Beifall vieler deutscher Zeitgenossen ernten.

Die Verteufelung der Juden in „Mein Kampf"

Die „Verteufelung" der Juden erfolgte in Hitlers Schrift „Mein Kampf" vereinzelt noch wie im Mittelalter (siehe oben) ganz im wörtlichen Sinn als Gleichsetzung der Juden mit dem Teufel (beispielsweise S. 68 oder S. 340). Diese hatte aber zu Lebzeiten Hitlers – im Gegensatz zum Mittelalter – an Glaubwürdigkeit und Schrecken weitestgehend verloren.

Viel schlimmer und subversiver, da in Zeiten wirtschaftlicher Not Angst einflößend, waren da Hitlers Bezeichnungen des Juden als „Parasit im Körper anderer Völker" (S. 334) bzw. als „Völkerparasit" oder gar „Vampir", der das „Gastvolk" aussauge (S. 358) und, wenn es nichts mehr zum Aussaugen gebe, einen „neuen Nährboden für seine Rasse" suche, also „wie ein schädlicher Bazillus sich immer mehr ausbreitet". Wo der „Schmarotzer" auftrete, sterbe „das Wirtsvolk nach kürzerer oder längerer Zeit ab" (S. 334). Da Hitler einen historischen Beweis hierfür natürlich nicht liefern konnte, ließ er flugs aus der jahrhundertelangen Judenverfolgung einen „Hinauswurf" werden, „den er [der ‚Parasit'] von Zeit zu Zeit durch die mißbrauchten Gastvölker erfährt" (S. 334). Die Dreistigkeit, mit der Hitler dabei die Untat zur Wohltat und den Übeltäter zum Wohltäter erklärte, gipfelt in dem blasphemischen Schlusssatz des 2. Kapitels des ersten Bandes:

> „So glaube ich heute im Sinne des allmächtigen Schöpfers zu handeln: Indem ich mich des Juden erwehre, kämpfe ich für das Werk des Herrn."[78]

Genauso irrational und unfassbar (im doppelten Wortsinn) sowie – zumindest für schlichte Gemüter – genauso Furcht erregend ist das Bild des Juden, der nicht nur die Völker aussauge, sondern – nach Hitler – auch noch das Blut in „unserem Volkskörper" vergifte bzw. verpeste und so „jeden Tag" die „Bastardierung" „unseres Volkes" vorantreibe:

> „Der schwarzhaarige Judenjunge lauert stundenlang, satanische Freude in seinem Gesicht, auf das ahnungslose Mädchen, das er mit seinem Blute schändet und damit seinem, des Mädchens, Volke raubt."[79]

Der Jude wird hier in einer manischen Art und Weise als Bestie karikiert, die am Verstand des Autors zweifeln lässt, noch dazu einige Zeilen später zu lesen ist:

> „Juden waren es und sind es, die den Neger an den Rhein bringen, immer mit dem gleichen Hintergedanken und klaren Ziele, durch die dadurch zwangsläufig eintretende Bastardierung die ihnen verhaßte weiße Rasse zu zerstören …"

Diese „rassische Zersetzung" habe zur Folge, dass sie

> „... die letzten arischen Werte unseres deutschen Volkes herunterzieht, ja oft vernichtet, so daß unsere Kraft als kulturtragende Nation ersichtlich mehr und mehr im Rückzug begriffen ist ..."[80]

Mit dieser Aussage wurden „die Juden" indirekt auch für die in politischer, wirtschaftlicher, sozialer und kultureller Hinsicht klägliche Situation Deutschlands nach der Niederlage im Ersten Weltkrieg und dem Vertrag von Versailles verantwortlich gemacht, wie andere Formulierungen in Hitlers „Mein Kampf" verdeutlichen:

> „Wenn wir all die Ursachen des deutschen Zusammenbruches vor unseren Augen vorbeiziehen lassen, dann bleibt als die letzte und ausschlaggebende das Nichterkennen des Rasseproblems und besonders der jüdischen Gefahr übrig."

Denn:

> „Die Niederlagen auf dem Schlachtfelde im August 1918 wären spielend leicht zu ertragen gewesen. Sie standen in keinem Verhältnis zu den Siegen unseres Volkes. Nicht sie haben uns gestürzt, sondern gestürzt wurden wir von jener Macht, die diese Niederlagen vorbereitete, indem sie seit vielen Jahrzehnten planmäßig unserem Volke die politischen und moralischen Instinkte und Kräfte raubte, die allein Völker zum Dasein befähigen und damit auch berechtigen."[81]

Hiermit wurde die sogenannte „Dolchstoßlegende", nach der das „im Felde unbesiegte" Frontheer durch Teile der Heimatbevölkerung „von hinten erdolcht" und damit der Zusammenbruch Deutschlands herbeigeführt worden sei, ganz auf die Juden bezogen, obwohl diese (immer und immer wieder verbreitete) Unterstellung einwandfrei als Ablenkungsmanöver der ehemaligen militärischen Führungsspitze beispielsweise im „Dolchstoßprozess" 1925, aber auch in anderen Untersuchungen entlarvt worden war[82].

Obwohl Hitler gleichzeitig einräumen musste, dass die Juden während des Ersten Weltkriegs in der Rüstungsindustrie „tatsächlich ‚unabkömmlich'" waren, warf er ihnen in seiner Schrift „Mein Kampf" generell „Drückebergerei" vor:

> „Die Kanzleien waren mit Juden besetzt. Fast jeder Schreiber ein Jude und jeder Jude ein Schreiber. Ich staunte über die Fülle von Kämpfern des auserwählten Volkes und konnte nichts anders, als sie mit den spärlichen Vertretern an der Front zu vergleichen."[83]

Diese Behauptung ist deshalb besonders infam, weil sicherlich jede(r) Deutsche irgendeinen Juden in der Verwaltung kannte oder zumindest über andere von einem solchen gehört hatte, was also Hitlers These zu bewahrheiten schien. Aber man hätte das Wort „Jude" genauso gut beispielsweise durch „Katholik", „Protestant" oder „Preuße" usw. ersetzen können. Außerdem wurde Folgendes unterschlagen:

> „Nach Ausbruch des Ersten Weltkrieges meldeten sich viele Juden als Freiwillige zum Kriegsdienst. Von der Regierung wurde eine Zählung der deutschen Juden angeordnet, um nachzuweisen, daß sie sich ihrer Pflicht entzogen hätten. Als das Ergebnis das Gegenteil bewies, wurde es nicht veröffentlicht."[84]

Und:

> „Als Patrioten kämpften Juden in den Reihen aller am Ersten Weltkrieg beteiligten Armeen. Sie lagen in den Schützengräben an der Ost- wie an der Westfront. Jüdische Soldaten fielen für die Staaten der Entente (Großbritannien, Frankreich, Italien und Russland)

genau wie für die Achsenmächte (Deutschland, Österreich-Ungarn und die Türkei) und errangen für ihre Tapferkeit höchste Auszeichnungen. Allein auf deutscher Seite ließen 12.000 Juden ihr Leben auf dem Schlachtfeld."[85]

Um mit dem (von der Bevölkerung eher akzeptierten) Kampf gegen die Juden zugleich noch gegen die politischen Gegner des Nationalsozialismus vorgehen zu können, brachte Hitler das Judentum mit dem Bolschewismus, den sozialistischen Revolutionen, ja sogar mit der Sozialdemokratie und der Demokratie im Allgemeinen in Verbindung. Schon in seiner Wiener Zeit habe er „plötzlich" „den Juden als Führer der Sozialdemokratie" erkannt:

„Ich nahm die mir irgendwie erreichbaren sozialdemokratischen Broschüren und suchte die Namen ihrer Verfasser: Juden. Ich merkte mir die Namen fast aller Führer; es waren zum weitaus größten Teil ebenfalls Angehörige des ‚auserwählten Volkes', mochte es sich dabei um die Vertreter im Reichsrat handeln oder um die Sekretäre der Gewerkschaften, die Vorsitzenden der Organisationen oder die Agitatoren der Straße. … [Die Juden fielen] mir [als] die eigentlichen Träger oder wenigstens [als] die Verbreiter der Sozialdemokratie ins Auge …"[86]

Hitler durchschaute natürlich sofort die „Taktik des Judentums", die hier angeblich dahintersteckte: Der Jude – heißt es später –

„macht sich an den Arbeiter heran, heuchelt Mitleid mit dessen Schicksal oder gar Empörung über dessen Los des Elends und der Armut, um auf diesem Wege das Vertrauen zu gewinnen. Er bemüht sich, alle die einzelnen tatsächlichen, oder auch eingebildeten, Härten seines Lebens zu studieren – und die Sehnsucht nach Änderung eines solchen Daseins zu erwecken. … Er begründet die marxistische Lehre."

Die dann folgende Aussage zum „Kern der marxistischen Weltanschauung" erscheint wie eine Projektion von Hitlers eigenem
Vorgehen und Denken:

> „Denn unter diesem Mantel rein sozialer Gedanken liegen wahr-
> haft teuflische Absichten verborgen, ja, sie werden mit frechs-
> ter Deutlichkeit auch wohl in voller Öffentlichkeit vorgetragen.
> Diese Lehre stellt ein unzertrennliches Gemisch von Vernunft
> und menschlichem Aberwitz dar, aber immer so, daß nur der
> Wahnsinn zur Wirklichkeit zu werden vermag, niemals die Ver-
> nunft."[87]

Und dann verstrickt sich Hitler unentwirrbar in Widersprüche,
spielt sich als Sachwalter der Demokratie auf, die er 250 Seiten
vorher als typisch jüdisch abgelehnt hat, und wirft Marxismus und
Kapitalismus in einen (jüdischen) Topf:

> „Politisch aber beginnt er [der Jude], den Gedanken der Demo-
> kratie abzulösen durch den der Diktatur des Proletariats. In der
> organisierten Masse des Marxismus hat er die Waffe gefunden,
> die ihn die Demokratie entbehren läßt und ihm an dessen Stelle
> gestattet, die Völker diktatorisch mit brutaler Faust zu unterjochen
> und zu regieren."[88]

Hatte Hitler die parlamentarische Demokratie nicht schon als Einrichtung, „die schmutzig und unwahr" sei wie „der Jude" und das
demokratisch gewählte Parlament als „eine Schar geistig abhängiger
Nullen" und als „Schwätzervereinigung" bezeichnet?[89] Wähnte er
unter den Vätern der Weimarer Verfassung nicht „zum großen Teil"
Juden?[90]

Ganz und gar nicht marxistisch, wie Hitler glauben zu machen
versucht, ist die „Revolutionierung" folgender Art:

„Wirtschaftlich erschüttert er [immer noch der Jude] die Staaten so lange, bis die unrentabel gewordenen sozialen Betriebe entstaatlicht und seiner Finanzkontrolle unterstellt werden."[91]

Und fortgerissen von seiner selbst zusammengezimmerten Weltverschwörungstheorie, der zufolge „der Jude" nach einer „letzten Revolution" als „Völkertyrann" „die Völker ... reif zum Sklavenlos einer dauernden Unterjochung" machen werde, versteigt sich Hitler schließlich zu der wirren Behauptung, in Russland habe nach der Oktoberrevolution ein „Haufen jüdischer Literaten und Börsenbanditen die Herrschaft" übernommen. Da aber das „internationale Börsenjudentum" auch „die restlose wirtschaftliche Vernichtung Deutschlands" und dessen „vollkommene politische Versklavung" wünsche[92], könne Deutschland mit den neuen „Machthabern Rußlands" niemals einen Bund eingehen[93].

Dagegen ruft Hitlers Unterstellung, „die Juden" hätten in ihrer diabolischen Art nicht nur England und Frankreich gegen Deutschland, sondern sogar die Bayern gegen die Preußen und die Katholiken gegen die Protestanten aufgehetzt[94], beim Leser eher Komik hervor, macht aber ebenfalls deutlich, wer der eigentliche „Diabolos", d.h. derjenige, der alles durcheinander wirft, war.

Mit seinen „pathologischen Vorstellungen", „die in der bösartigen Karikatur des Juden, in Phantasien von der jüdischen Weltverschwörung gipfelten und sie mit der von vielen als existenzbedrohend empfundenen Gefahr des Bolschewismus verknüpften"[95], versuchte Hitler die Angst seiner Mitbürger zu schüren und diese unter dem Motto „Die Juden sind unser Unglück"[96] nicht nur auf die Judenvernichtung, sondern auch auf einen Vernichtungskrieg zu trimmen.

Der Holocaust als Konsequenz

Hitler stufte, wie wir gesehen haben, das Judentum in seiner Schrift „Mein Kampf" unzweifelhaft als Staatsfeind Nummer 1 ein, der nicht nur für die ganze Misere des damaligen Deutschen Reiches verantwortlich sei, sondern darüber hinaus auch noch mit seinen angeblichen Weltherrschaftsplänen die Existenz Deutschlands und der „arischen Rasse" überhaupt bedrohe. Der Judenhass nahm die absolut zentrale Stellung in der NS-Doktrin ein und verlieh „dem Nazismus den Charakter einer Gegenreligion".[97] Dementsprechend war es sofort nach der Machtergreifung (am 30. Januar 1933) Hitlers Bestreben, Maßnahmen zu ergreifen, um zunächst in einem ersten Schritt die Juden durch Diskriminierung zu erniedrigen und in der Gesellschaft zu isolieren und sie dadurch aus dem Land zu drängen, was zum Teil auch gelang. Dies war zur damaligen Zeit durchaus auch in anderen europäischen Ländern mit ultrakonservativen oder faschistischen Regierungen der Fall.

Was Hitler-Deutschland von diesen aber grundlegend unterschied, war die nach dem Überfall auf Polen beginnende Massendeportation von Juden, noch mehr aber die mit dem Russland-Feldzug einsetzende sogenannte „Endlösung der Judenfrage", d.h. die systematische, mit möglichst billigem Giftgas (Zyklon B) industriell betriebene „Ausrottung" der jüdischen Bevölkerung, und zwar nicht nur Deutschlands, sondern aller von den Deutschen besetzten Teile Europas[98]. Der Totenkopf, das Emblem der SS-Totenkopfverbände, war Programm und Markenzeichen geworden.

Die Vorgehensweise im Einzelnen: Am selben Tag, dem 22. März 1933, an dem das erste deutsche Konzentrationslager (KZ) bei Dachau – zunächst noch ausschließlich für politische Gegner jeglicher Couleur – eröffnet wurde[99], wurde im Reichsministerium für Inneres in Berlin das „Referat Rassenhygiene" gebildet. Schon vorher hatten verschiedentlich blutige Übergriffe auf jüdische Mitbürger durch SA-Leute begonnen. Sechs Tage später veröffentlichte die NSDAP als Fanal einen Aufruf zum generellen Boykott jüdischer Geschäfte, der dann am 1. April durch die SA auch erzwungen wurde, „um dem Volk die Juden als schädliche Fremde ... vor Augen zu stellen"[100].

Am 7. April schloss man mit dem Gesetz zur Wiederherstellung des Berufsbeamtentums „Beamte, die nichtarischer Abstammung sind", weitgehend aus, was kurze Zeit danach auf die Angestellten und Arbeiter des Öffentlichen Dienstes ausgedehnt wurde. Zehn Tage später wurde ein Zulassungsstopp für „Nichtarier" zur Rechtsanwaltschaft erlassen. Dem folgten am 22. April 1933 Entlassungen der Juden aus Krankenkassen und Patentanwaltschaften und am 25. April erste Beschränkungen für jüdische Studenten an Universitäten, Akademien und sonstigen Hochschulen. Daraufhin erließen noch im selben Jahr die Thüringische und die Sächsische evangelische Landeskirche Trauverbote für Angehörige verschiedener „Rassen", und die evangelische Altpreußische Union übernahm für ihre Angestellten den „Arier-Paragraphen" des Beamtengesetzes.[101]

„Innerhalb der Bevölkerung änderte sich [durch diese Maßnahmen] das Verhältnis zu den Juden schlagartig. Man kannte den langjährigen Nachbarn nicht mehr und wandte sich auf der Straße von ihm ab, um ihn nicht grüßen zu müssen."[102]

Am 10. Mai, genau 100 Tage nach Hitlers Machtübernahme, organisierte die Deutsche Studentenschaft (DSt), der Dachverband der Allgemeinen Studentenausschüsse, unter Mitwirkung von SA, SS und NS-Parteimitgliedern in allen deutschen Universitätsstädten (außer in Württemberg) die Aussortierung (aus Bibliotheken und Buchhandel) und öffentliche Verbrennung Tausender von „degenerierten" Büchern jüdischer bzw. sonst noch missliebiger Autoren, darunter so international bekannte Schriftsteller wie Bertold Brecht, Lion Feuchtwanger, Heinrich Heine, Erich Kästner, Heinrich und Thomas Mann, Anna Seghers, Ernst Toller, Kurt Tucholsky, Arnold und Stefan Zweig.[103] Das daraufhin am 22. September erlassene Reichskulturkammer-Gesetz verbannte die Juden aus dem deutschen Kulturleben.[104]

Als Reaktion auf diese Repressalien konstituierte sich im Juni der Jüdische Kulturbund, der aufgrund seiner Auslandskontakte zur Förderung der Auswanderung beitrug. (1939 wurde dann hierfür von den Nationalsozialisten eine eigene „Reichszentrale für jüdische Auswanderung" in Berlin eingerichtet.) Noch im Jahr 1933 verließen rund 37.000 Juden, darunter hochverdiente Wissenschaftler, Ärzte, Architekten, Musiker und Schriftsteller[105], Deutschland und gingen zumeist in andere europäische Länder, nach Palästina und in die USA. In den folgenden Jahren pendelte sich die Zahl jüdischer Emigranten zwischen ca. 21.000 und 23.000 ein, um dann 1939 bis zum Ausbruch des Zweiten Weltkriegs am 1. September auf 157.000 emporzuschnellen.[106] In der Regel mussten die Auswanderer (besser: Vertriebenen) nicht nur eine hohe „Reichsfluchtsteuer" entrichten, sondern ihr gesamtes Hab und Gut in der Heimat zurücklassen, das dann – mit dem Verlust der deutschen Staatsangehörigkeit beim Überschreiten der Landesgrenze – an den Staat fiel. Hunderte von jüdischen Bürgern gingen auch in den Freitod.[107]

1934 kamen neue Schikanen gegen Juden vor allem auf dem Gebiet des Hochschulwesens hinzu: Ab 5. Februar waren „nichtarische" Medizinstudenten nicht mehr zur Staatsprüfung zugelassen. Im Juli wurde gegen Juden ein Einstellungsstopp als wissenschaftliche Assistenten verhängt, gegen Ende des Jahres in Preußen der „Arier-Nachweis" (also eine Bescheinigung, dass sich unter den Eltern und Großeltern kein Jude befindet) sogar schon bei Habilitationen zur Pflicht. Das Jahr 1935 brachte dann für Juden den Ausschluss vom Zeitungs- und Verlagswesen sowie vom Wehrdienst und schließlich sogar ein generelles Berufsverbot für jüdische Ärzte, Notare, Professoren und Lehrer im Staatsdienst.

Eine weitere, wesentliche Verschärfung stellten die am 15. September 1935 auf dem Reichsparteitag in Nürnberg verkündeten Gesetze, das Reichsbürgergesetz und das Blutschutzgesetz, dar. Demnach konnte Reichsbürger nur noch „der Staatsangehörige deutschen oder artverwandten Blutes" sein. Außerdem waren nun Eheschließungen und auch außerehelicher Verkehr „zwischen Juden und Staatsangehörigen deutschen oder artverwandten Blutes" als sogenannte „Rassenschande" bei schwerer Strafe – bis hin zur Verurteilung zum Tod – verboten. Die 1. Durchführungsverordnung zum Reichsbürgergesetz vom 14. November legte daher u.a. fest:

„§ 4 (1) Ein Jude kann nicht Reichsbürger sein. Ihm steht ein Stimmrecht in politischen Angelegenheiten nicht zu, er kann ein öffentliches Amt nicht bekleiden …
§ 5 (1) Jude ist, wer von mindestens drei der Rasse nach volljüdischen Großeltern abstammt …
(2) Als Jude gilt auch der von zwei volljüdischen Großeltern abstammende staatsangehörige jüdische Mischling (a) der beim Erlaß des Gesetzes der jüdischen Religionsgemeinschaft angehört hat oder danach in sie aufgenommen wird …"

Im Jahr der Olympischen Spiele in Deutschland, 1936, waren die NS-Machthaber aus Gründen der internationalen Reputation vorübergehend in der Judenverfolgung etwas zurückhaltender. Um die ausländische Presse Lügen zu strafen, wurden die (an Geschäften, Restaurants usw.) üblichen Hinweisschilder „Juden unerwünscht" zeitweise entfernt und sogar deutsche Sportler jüdischer Herkunft wie die Fechterin Helene Meyer zu den Wettbewerben entsandt.

Doch kaum dass Deutschland nicht mehr im internationalen Rampenlicht stand, gingen die Repressalien schon wieder wie gewohnt weiter: Noch im November 1936 wurde jüdischen Rentnern der Reichszuschuss gekürzt. 1937 wurde Juden dann die Jagderlaubnis entzogen und ihnen die Promotion verwehrt. Außerdem stellte man jetzt den Juden Reisepässe nur noch in Ausnahmefällen aus; später durften sie dann überhaupt keine mehr besitzen (übrigens auch keine Führerscheine mehr). Berufsverbote ergingen nun und in den kommenden Jahren sukzessive auch an „nichtarische" Freiberufler und Selbstständige wie Viehhändler, Notare, Sachverständige, Vermessungsingenieure, Waffenhändler, Ärzte, Rechtsanwälte, Krankenpfleger, Patentanwälte, Brieftaubenzüchter, Dentisten, Tierärzte, Apotheker, Heilpraktiker usw.

1938 schritt die Diskriminierung der Juden in Deutschland weiter voran und bezog – nach dem „Anschluss" – erstmals auch österreichische Staatsangehörige mit ein. „Nichtariern" wurde jetzt nicht nur die Änderung ihres Namens untersagt, sondern sie mussten sogar typisch jüdische Vornamen tragen, die ihnen vom Reichministerium des Inneren vorgegeben wurden. Alle Juden und „Mischlinge" wurden in einer Volkszählung erfasst, jüdisches Vermögen über 5000 Reichsmark registriert, um für zukünftige Maßnahmen eine Planungsgrundlage zu haben. Juden durften nun überhaupt nicht mehr studieren, keine staatlichen Behörden mehr betreten und auch keine Kurorte, bald auch keine Theater, Konzerte oder Kinos etc. mehr aufsuchen. Selbst ihren Kindern sollte noch der Besuch öffentlicher Schulen verboten werden.[108]

Im von den Nationalsozialisten inszenierten Judenpogrom der (wegen der zahlreichen dabei zerschlagenen Schaufenster) sogenannten „Reichskristallnacht" vom 9. auf 10. November 1938 gingen deutschlandweit u.a. 191 Synagogen in Flammen auf, wurden 7500 jüdische Geschäfte demoliert und geplündert sowie mindestens 36 jüdische Bürger sofort ermordet (weitere starben später an den ihnen zugefügten Verletzungen) und rund 20.000 festgenommen.[109] Ein Anspruch der Geschädigten auf Rechtsschutz, Schadensersatz oder Versicherungsleistungen bestand nicht, im Gegenteil: den Juden insgesamt wurde zynisch ein Bußgeld in Höhe von einer Milliarde (!) Reichsmark auferlegt.[110] Am 3. Dezember 1938 wurde der Zwangsverkauf jüdischer Geschäfte und Unternehmen an „Arier" angeordnet; außerdem wurde „Nichtariern" der Verkauf von Wertpapieren, Juwelen und Schmuck untersagt. Gut zwei Monate später wurden die Juden genötigt, ihren gesamten Besitz an Edelmetallen und -steinen, dann auch noch ihre Rundfunkgeräte, Kameras und sonstige technische Geräte abzuliefern.

Ende April 1939 wurde die Ausweisung von „Nichtariern" aus „arischen" Häusern und ihre Unterbringung in sogenannten „Judenhäusern" angeordnet. Im September folgten für sie Ausgangs- und Einkaufsbeschränkungen, im November wurden ihnen die Textilbezugsscheine entzogen.

Inzwischen war der Zweite Weltkrieg ausgebrochen, die (damit „exportierte") Judenverfolgung erreichte eine neue schreckliche Dimension: Noch im Oktober 1939 begannen die Deportationen von Juden aus Österreich und der Tschechei, im Februar 1940 dann auch aus Deutschland nach Osten, zunächst noch in geringerem Umfang, dann massenweise.[111] Im Mai 1940 wurde das berüchtigte Vernichtungslager Auschwitz errichtet, im November (wie vorher schon in mehreren anderen polnischen Städten) auch in Warschau das Ghetto abgeriegelt, in dem nun auf engstem Raum über 500.000 Juden eingesperrt waren und monatlich mehrere Tausend Menschen verhungerten.[112]

1941 dehnten sich die Pogrome auf die Beneluxstaaten, Frankreich, den Balkan, das Baltikum und die besetzten Gebiete der Sowjetunion aus, wo es ab Juni immer wieder zu Massenabschlachtungen von Tausenden von wehrlosen Juden, Männern, Frauen und Kindern, durch Tötungskommandos kam. In Deutschland wurden „Nichtarier" zur Zwangsarbeit in Fabriken (vor allem der Rüstungsindustrie) verpflichtet und – wie kurz vorher schon im Baltikum – für Juden, „die das sechste Lebensjahr vollendet haben", die Kennzeichnung mit dem „Judenstern" „aus gelbem Stoff mit der Aufschrift ‚Jude'", „sichtbar auf der linken Brustseite des Kleidungsstücks fest aufgenäht", obligatorisch[113]. Schon im Juni 1941 war das KZ Auschwitz aufgrund seiner verkehrsgünstigen

Lage und der guten Abschirmbarkeit auf Massenvernichtung umgestellt worden, im November erreichten die ersten Judentransporte das neue Ghetto Theresienstadt in der Tschechoslowakei. Das Vermögen der Verschleppten, die nur 100 Reichsmark und 50 kg Gepäck pro Person mitnehmen durften, fiel an den Staat.

In der Wannseekonferenz vom 20. Januar 1942 kündigte Reinhard Heydrich, Chef des Reichssicherheitshauptamtes, die „Endlösung der europäischen Judenfrage" an und erklärte:

> „Im Zuge der praktischen Durchführung der Endlösung wird Europa vom Westen nach dem Osten durchgekämmt."[114]

Noch im selben Monat setzten die ersten lautlosen Gas-Massenmorde in Auschwitz-Birkenau ein, denen nur dort bis 1945 schon fast eine Million Menschen zum Opfer fallen sollte; die bisherige Praxis des Erschießens hatte sich als zu zeit-, arbeits- und personalaufwendig und als viel zu geräuschvoll erwiesen. Erste Erfahrungen mit der Vergasung von Juden hatte man schon seit Dezember 1941 in Chelmno (Kulmhof) und Bernburg (bei Berlin) gesammelt. Im März 1942 wurde das Massenvernichtungslager Belzec eröffnet, bis Oktober wurden dort und im KZ Treblinka allein 310.000 Juden aus dem Warschauer Ghetto eingeliefert.[115] Auch aus den besetzten Gebieten im Westen und Südosten Europas rollten nun die vollgestopften Deportationszüge in die östlichen Todeslager. Nur mit Schaudern kann man unter diesem Aspekt von der Judenvergasung lesen, die Hitler bereits 1926 im zweiten Band von „Mein Kampf" gefordert hatte:

> „Hätte man zu Kriegsbeginn [1914] und während des [Ersten Welt-] Krieges einmal zwölf- oder fünfzehntausend dieser hebräischen Volksverderber ... unter Giftgas gehalten, ... dann wäre das Millionenopfer der Front nicht vergeblich gewesen. Im Gegenteil: Zwölftausend Schurken zur rechten Zeit beseitigt, hätte vielleicht

einer Million ordentlicher, für die Zukunft wertvoller Deutscher das Leben gerettet."[116]

Nach der „Liquidierung" des aufrührerischen Krakauer Ghettos erhoben sich am 19. April 1943 die Bewohner des Ghettos von Warschau; ihr einmonatiger Aufstand wurde blutig niedergeschlagen, das Ghetto dabei dem Erdboden gleichgemacht. Auch in anderen Ghettos sowie in einigen KZs kam es zu Aufständen, die aber leider alle scheiterten und die planmäßige Vernichtung der Ghettos in den besetzten Ostgebieten nach sich zogen.

Mit dem Rückzug der deutschen Truppen mussten dann schrittweise auch die Massenvernichtungslager aufgegeben werden: schon am 24. Juli 1944 Majdanek, am 17. Januar 1945 Auschwitz, am 15. April 1945 Bergen-Belsen und am 7. Mai 1945 das Ghetto Theresienstadt. Für viele der Insassen wurde die Evakuierung zum Marsch in den Tod. Doch auch nach ihrer Befreiung durch die Truppen der Alliierten starben noch Hunderte von Juden an Unterernährung, Entkräftung oder Krankheiten. Etwa 250.000 Überlebende waren nun heimat- und obdachlos. Der größte Teil von ihnen wanderte nach Palästina, in den 1948 proklamierten Staat Israel aus.[117]

Walther Hofer resümierte angesichts dieser „maßlosen Verbrechen" an den Juden, zu denen Hitlers „Mein Kampf" mit den Grund gelegt hatte:

„Diese Vorgänge übersteigen dermaßen alle menschliche Vorstellungskraft, hinter diesen nackten Zahlen verbirgt sich eine solche Fülle von menschlichem Leid und Schmerz, von Angst und Verzweiflung, daß alle Worte versagen müssen, wenn man versuchen sollte, das Unvorstellbare auszudrücken. Der Mensch ist kaum in der Lage, das Leiden eines einzigen Mitmenschen nachzuempfinden. Wie sollte er es für Millionen tun können?"[118]

HITLER UND DIE „VOLKSDEUTSCHEN"

Volk – Volksdeutsche – völkischer Staat

Zunächst sei vorausgeschickt, dass in Hitlers „Mein Kampf" der Begriff „Volksdeutsche" – mit Ausnahme der in unserem Zusammenhang nicht relevanten „deutschvölkischen Wanderscholaren" – laut Personen- und Sachverzeichnis nicht verwendet wird. Dagegen bilden „Volk und Rasse", „völkisch", „völkischer Staat", „völkische Weltanschauung" oder „Volkskörper" thematische Schwerpunkte. Wie konnte es dazu kommen?

Seit der Französischen Revolution war die staatliche Herrschaftsordnung nicht mehr ständisch, religiös und historisch legitimiert, sondern durch den Gesamtwillen seiner Bürger, der sogenannten Volonté Générale, wobei dieser in der Nation, der „nation une ed indivisible", verkörpert wurde. „Staat und Nation sollten nunmehr identisch sein".[119] Für die großen Territorialstaaten Frankreich und England bildete dies kein Problem. Anders stellte sich dies aber beispielsweise im mittel- und südosteuropäischen Raum dar, wo es keinen modernen Flächenstaat bzw. keine von einer Volksmehrheit bewohnte Großterritorien gab.

> „In diesen Räumen wurde nicht der bereits existierende Staat, sondern das mit den staatlichen Grenzen meist nicht identische Volkstum, die Sprach- und Kulturgemeinschaft, die ethnische Zusammengehörigkeit, die tatsächliche oder auch vermeintliche geschichtliche Herkunft … das Kriterium für die geforderte neue staatliche Ordnung."[120]

Die deutsche Romantik entwickelte dann eine „organische" (sprich: biologistische) Volksbegriffstheorie, wonach – laut Johann Gottfried Herder – das Volk (= die Nation) wie „eine Pflanze der Natur, eine Familie mit mehreren Zweigen" sei. Daraus folgerte der romantische Staats- und Gesellschaftstheoretiker Adam Heinrich Müller:

> „Es ist der Natur viel angemessener, daß das Menschengeschlecht in Nationen strenge abgesondert sei, als daß mehrere Nationen … zu einem Ganzen verschmolzen werden …, wo die Vermischung der Sprachen, Sitten und Gesetze diese selbst immer mehr schwächen und auflösen, alle Anhänglichkeit, Beharrlichkeit, Treue und Liebe vernichten und durch Verletzung des Nationalcharakters in seiner ursprünglichen reinen Gestalt die Grundbasis aller wahren Kraft und Energie der Nation erschüttern und untergraben."[121]

Die Folge war in Mitteleuropa während des 19. Jahrhunderts einerseits das Bestreben, die Kleinstaaten aufzulösen, andererseits das Dilemma, dass die Übergänge zwischen den Völkern fließend waren und damit keine eindeutigen, unstrittigen Grenzen gezogen werden konnten. So scheiterte schon die Nationalversammlung in der Frankfurter Paulskirche 1848/49 an der Festlegung des Reichsgebietes. Anfänglich war man sich noch einig, dass der neue Bundesstaat all jene Länder und Territorien umfassen sollte, die bislang schon dem Deutschen Bund angehörten, also auch die deutschen Erbländer der Donaumonarchie, sowie zudem Schleswig und den Westteil des Großherzogtums Posen. Dieser Anspruch kollidierte aber mit der Tatsache, dass schon allein der Deutsche Bund zahlreiche gemischtsprachige Gebiete umfasste.[122]

Das neue nationalistische Denken von einer „imaginären Einheit", dem „Volk"[123], führte dann zum Ersten Weltkrieg. Denn einerseits strebten die Völker Europas, vom Nationalitätsprinzip getrieben, nach dem „eigenen, d.h. von ihnen beherrschten Nationalstaat", andererseits wollten bereits bestehende Nationalstaaten

unterworfene Völker nicht in die staatliche Eigenständigkeit entlassen.[124] Für diese brachte der Krieg schließlich zum Großteil den
gewünschten Erfolg.

Doch waren damit neue Gefahrenherde geschaffen: So wurden
jetzt deutsche Volksgruppen, die bisher Angehörige eines Mehr-
heitsvolkes waren, plötzlich „zu einer ethnischen (sogenannten nationalen) Minderheit in einem von anderen Völkern beherrschten
und von diesen als ihr Nationalstaat reklamierten Staat"[125], etwa
in Elsass-Lothringen, Eupen-Malmedy, in Nordschleswig, in der
Provinz Posen, in Westpreußen, im Memelgebiet, in Oberschlesien,
im Hultschiner Ländchen, im Sudetenland und in Südtirol. Davon
betroffen war ein Gebiet von insgesamt „7000 Quadratkilometern
mit 6,5 Millionen Menschen, von denen etwa die Hälfte Deutsche
waren"[126].

Im Unterschied zu den innerhalb der Grenzen des Deutschen
Reiches (des sogenannten „Altreichs") von 1937 lebenden rund 65
Millionen „Reichsdeutschen" (bzw. den sich im Ausland aufhal-
tenden „Auslandsdeutschen" mit deutscher Staatsangehörigkeit)
wurde von den Nationalsozialisten für die deutschen Volksgruppen,
die außerhalb davon (in den genannten zwangsweise abgetretenen
Randgebieten und in den weiter im Osten gelegenen deutschen
Sprachinseln) wohnten, die amtliche Bezeichnung „Volksdeutsche"
geprägt. Ebenfalls noch zu den „Reichsdeutschen" zählten die etwa
6,5 Millionen „Deutsch-Österreicher", obwohl ihnen der Anschluss
an das Deutsche Reich durch den Friedensvertrag von Versailles
untersagt war.[127]

Diese politische Situation diente Hitler dann unter der Parole
„Heim ins Reich!" als Vorwand für seine rassistisch-imperialisti-
schen Pläne; aus den „Volksdeutschen" sollten – im diskriminie-
renden Nazi-Jargon – „Beutedeutsche"[128] werden. Hitler nutzte den
(damals mit „national" gleichbedeutenden[129]) Begriff „völkisch",
der seiner Meinung nach „so wenig klar abgesteckt, so vielseitig
auslegbar und so unbeschränkt in der praktischen Anwendung

wie etwa das Wort ‚religiös'" sei, zur „Bildung einer geschlossenen Kampfgemeinschaft":[130]

„Jede [völkische] Weltanschauung ... wird so lange für die praktische Ausgestaltung eines Völkerlebens ohne Bedeutung bleiben, als ihre Grundsätze nicht zum Panier einer Kampfbewegung geworden sind, die ihrerseits wieder so lange Partei sein wird, als sich ihr Wirken nicht im Siege ihrer Ideen vollendet hat und ihre Parteidogmen die neuen Staatsgrundsätze der Gemeinschaft eines Volkes bilden."[131]

Aus diesem Grund kombinierte Hitler, für den „der Staat an sich nur eine Form ..., das Wesentliche jedoch sein Inhalt, die Nation, das Volk," war[132], die „völkische Weltanschauung" mit seiner darwinistischen Rassenlehre[133]: Im scharfen Gegensatz zum marxistischen Internationalismus erkenne „die völkische Weltanschauung die Bedeutung der Menschheit in deren rassischen Urelementen".

„Sie sieht im Staat prinzipiell nur ein Mittel zum Zweck und faßt als seinen Zweck die Erhaltung des rassischen Daseins der Menschen auf. Sie glaubt somit keineswegs an eine Gleichheit der Rassen, sondern erkennt mit ihrer Verschiedenheit auch ihren höheren oder minderen Wert und fühlt sich durch diese Erkenntnis verpflichtet, ... den Sieg des Besseren, Stärkeren zu fördern, die Unterordnung des Schlechteren und Schwächeren zu verlangen. ... Damit entspricht die völkische Weltanschauung dem innersten Wollen der Natur ..."[134]

Als Hauptaufgabe des „völkischen Staates" wurde demnach von Hitler das Heranzüchten einer „Herrenrasse" angesehen. So sollte der Staat „in erster Linie die Ehe aus dem Niveau einer dauernden Rassenschande" herausheben, „um ihr die Weihe jener Institution zu geben, die berufen ist, Ebenbilder des Herrn zu zeugen und nicht Mißgeburten zwischen Mensch und Affe".[135]

> „Der völkischen Weltanschauung muß es im völkischen Staat endlich gelingen, jenes edlere Zeitalter herbeizuführen, in dem die Menschen ihre Sorge nicht mehr in der Höherzüchtung von Hunden, Pferden und Katzen erblicken, sondern im Emporheben des Menschen selbst …"[136]

Vorläufiges Ziel der von Hitler begründeten Bewegung sollte es aber zunächst sein, in Pervertierung der oben genannten organischen Volksbegriffstheorie einen neuen „völkischen Organismus" zu schaffen, einen „germanischen Staat deutscher Nation"[137] – was analog zum Begriff des „Heiligen Römischen Reichs deutscher Nation" nichts anderes bedeutete als die Durchsetzung des nationalen Anspruchs der Deutschen auf Gesamtgermanien oder sogar das Gesamtgebiet der „Arier". Die Konsequenz hieß: „Der völkische Staat wird für sein Dasein kämpfen müssen."[138]

Da nach Hitler das „deutsche Volkstum" aufgrund der „blutsmäßigen Vergiftungen, die unseren Volkskörper, besonders seit dem Dreißigjährigen Kriege [sic!], trafen", „leider nicht mehr auf einem einheitlichen rassischen Kern" beruhe[139], müsse es im „völkischen Staat" drei Klassen von Bewohnern geben: „Staatsangehörige" und „Ausländer" sowie die höherwertigen „Staatsbürger".

> „Durch die Geburt wird grundsätzlich nur die Staatsangehörigkeit erworben. Die Staatsangehörigkeit als solche berechtigt noch nicht zur Führung öffentlicher Ämter, auch nicht zur politischen Betätigung im Sinne einer Teilnahme an Wahlen, in aktiver sowohl als in passiver Hinsicht. Grundsätzlich ist bei jedem Staatsangehörigen Rasse und Nationalität festzustellen. Es steht dem Staatsangehörigen jederzeit frei, auf seine Staatsangehörigkeit zu verzichten und Staatsbürger in dem Lande zu werden, dessen Nationalität der

seinen entspricht. Der Ausländer unterscheidet sich vom Staatsangehörigen nur dadurch, daß er eine Staatsangehörigkeit in einem fremden Staate besitzt.

Der junge Staatsangehörige deutscher Nationalität ist verpflichtet, die jedem Deutschen vorgeschriebene Schulbildung durchzumachen. Er unterwirft sich damit der Erziehung zum rassen- und nationalbewußten Volksgenossen. ... Dem unbescholtenen gesunden jungen Mann wird ... nach Vollendung seiner Heerespflicht in feierlichster Weise das Staatsbürgerrecht verliehen. ... Er tritt damit ein in alle Rechte des Staatsbürgers und nimmt teil an allen Vorzügen desselben. ...

Der Staatsbürger ist gegenüber dem Ausländer bevorrechtigt. Er ist der Herr des Reiches. ... Der Ehr- und Charakterlose, der gemeine Verbrecher, der Vaterlandsverräter usw. kann dieser Ehre jederzeit entkleidet werden. Er wird damit wieder Staatsanghöriger.

Das deutsche Mädchen ist Staatsangehörige und wird mit ihrer Verheiratung erst Bürgerin. Doch kann auch den im Erwerbsleben stehenden weiblichen deutschen Staatsangehörigen das Bürgerrecht verliehen werden."[140]

Dies war keine unverbindliche Theorie Hitlers, sondern wurde von den Nationalsozialisten beispielsweise den Juden gegenüber auch tatsächlich praktiziert: Diese wurden durch das „Reichsbürgergesetz" von 1935 zu „Staatsangehörigen" deklassiert und durften daher keine öffentlichen Ämter mehr bekleiden oder an Wahlen teilnehmen. Wegen der Nichtzulassung zum Wehrdienst konnten sie auch nicht wieder zu „Staatsbürgern" aufsteigen.

Die deutsche Staatsangehörigkeit, nicht aber automatisch auch die Staatsbürgerschaft, konnte im Zuge der „Eindeutschung"[141] ab 1939 auch von Volksdeutschen (die ja fremden Staaten angehörten) und teilweise auch von Angehörigen fremder Völker erworben werden, sofern sie sogenannte „eindeutschungsfähige Personen" waren, d.h. aus nationalsozialistischer Sicht „rassisch einen wertvollen Bevölkerungszuwachs" darstellten[142]. Ab dem 4. März 1941 gab es hierzu einheitliche Richtlinien, die in der Verordnung über die Deutsche Volksliste (DVL) festgelegt waren.

Zur Geschichte der „Volksdeutschen"

Ab dem 12. Jahrhundert holte die polnische Dynastie der Piasten deutsche Mönche, Bauern, Handwerker und Ritter nach Schlesien. Es handelte sich hierbei also um keine feindliche Landnahme durch Deutsche. Zur Niederwerfung der heidnischen Pruzzen rief dann Herzog Konrad von Masowien Anfang des 13. Jahrhunderts den Deutschen Orden zu Hilfe. Mit der Goldenen Bulle von Rimini schuf Kaiser Friedrich II. 1226 die rechtliche Grundlage zur Eroberung und Christianisierung des Preußenlandes (1230–1280) durch diesen geistlichen Ritterorden, der so ab Mitte des 14. Jahrhunderts von seinem Hauptsitz, der Marienburg, aus das gesamte Gebiet an der Ostsee zwischen Danzig und Reval beherrschen konnte. Deutsche Siedler gründeten östlich der Weichsel 93 Städte und rund 1400 Dörfer, auch die Hanse fasste dort Fuß.[143]

Von Niederschlesien aus gelangten deutsche Siedler nach der Mitte des 14. Jahrhunderts auf Geheiß des Polenkönigs Kasimir III. nach Ostgalizien (nordöstlich der Karpaten), dessen Zentrum Lemberg bis ins 16. Jahrhundert hinein eine mehrheitlich deutsche Bevölkerung aufwies. Ein weitere deutsche Einwanderungswelle nach Galizien erfolgte im 18. Jahrhundert, als das Gebiet unter habsburgische Herrschaft gekommen war.[144]

Besonders König Ottokar II. (reg. 1253–1278), der den Deutschen Orden im Kampf gegen die Pruzzen aktiv unterstützte, förderte systematisch die Einwanderung von deutschen Bauern und Bergleuten nach Böhmen und Mähren. Die Baiern siedelten im Süden und Westen, die Obersachsen im Norden, die Schlesier im Osten.

Die bairische Kaufmannssiedlung Eger und ihr Umland waren zwar schon Mitte des 12. Jahrhunderts reichsunmittelbar geworden, doch wurde das Egerland dann 1322 durch Kaiser Ludwig den Bayern an die böhmische Krone verpfändet. Nach den Sudeten, dem dort vorherrschenden Mittelgebirgssystem, erhielten nach 1918 alle deutschsprachigen Bewohner Böhmens und Mährens die pauschale Bezeichnung „Sudetendeutsche" und ihr Siedlungsgebiet den Namen „Sudetenland", weil die tschechoslowakischen Behörden den Begriff „Deutschböhmen" für diese Landschaft und ihre Bewohner verboten hatten. Übrigens war das 1348 gegründete „Collegium Carolinum" in Prag die erste Universität des Heiligen Römischen Reiches deutscher Nation.[145]

Auch König Géza II. von Ungarn und seine Nachfolger siedelten – in der Tradition Stephans I. – ab der Mitte des 12. Jahrhunderts als Schutzmaßnahme gegen die Mongolen in Zips und Siebenbürgen Deutsche an, zunächst vor allem Moselfranken, Luxemburger oder Niedersachsen, später hauptsächlich Baiern und Franken (z.B. gründeten Nürnberger Bauern Hermannsdorf, das spätere Hermannstadt). Als Anreiz bekamen auch diese „hospites", Gäste, gegenüber den Alteingesessenen besondere Freiheiten.[146] Sie wurden vom Deutschen Orden im Burzenland unterstützt und von den Ungarn pauschal als „Sachsen" bezeichnet. 1699 fiel Siebenbürgen an das Haus Habsburg, das dann die jahrhundertealten Rechte der Siebenbüger Sachsen außer Kraft setzte.

Die größte deutsche Volksgruppe in Südosteuropa bildeten mit rund 1,5 Millionen Menschen aber die sogenannten „Donauschwaben". Anders als der Sammelbegriff auch hier vermuten lässt, wanderten die Bauern und Bergleute nach der sukzessiven Befreiung des Balkans von der Türkenherrschaft (Friedensschlüsse von Karlowitz 1699 und Passarowitz 1718) in mehreren Wellen nicht nur aus Süddeutschland (Baiern und Württemberg), sondern auch aus Hessen, der Rheinpfalz, Schlesien und Österreich in die ungarische Tiefebene, in die Batschka (zwischen Donau und der unteren

Theiß) und in das östlich davon gelegene Banat (in Rumänien und Serbien) ein. Die rechtlichen Grundlagen für diese „donauschwäbische Kolonisation" bildeten das erste habsburgische „Impopulationspatent" von 1689 und das Gesetz zur „Wiederbesiedlung des Königreichs Ungarn" von 1723.[147]

Etliche deutsche Siedler zogen ab Ende des 18. Jahrhunderts noch weiter nach Osten: über die Karpaten hinweg in die Bukowina (Buchenland), ins Moldaugebiet und nach Bessarabien am Schwarzen Meer oder vorher schon der Donau entlang in die Walachei (Kleine Walachei 1718–1739 zum Habsburgerreich gehörig) und nach 1804 auch in die Dobrudscha südlich des Donaudeltas.

Auch die russischen Zaren holten Deutsche in ihr Reich. Dies gilt vor allem für den westlich orientierten Peter I., den Großen, der ab 1703 dringend qualifizierte Kräfte für seine neue Hauptstadt St. Petersburg benötigte. Zwischen 1763 und 1768 siedelten sich dann aufgrund des Manifests von Katharina II. allein 28.000 Deutsche (vor allem Bauern und Handwerker aus Schwaben, Württemberg und Hessen) im Wolgagebiet an. Sie wurden angelockt durch die Zuteilung von reichlich Land (knapp 33 ha. pro Familie) und durch das Versprechen vollkommener kultureller und religiöser Freiheit sowie der Befreiung vom Militärdienst, von jeglicher Fronleistung und für einen gewissen Zeitraum auch von allen Steuern, der je nach Niederlassungsort bemessen wurde und bis zu 30 Jahren dauern konnte.[148] Außerdem gingen damals deutsche Siedler (besonders aus Westpreußen, Pommern, der Neumark und Niederschlesien) nach Wolhynien (Ukraine) und Transkaukasien, später sogar bis nach Sibirien. Zu den rund 300 deutschen Stammkolonien in Russland kamen im Lauf der Zeit noch etwa 3000 Tochterkolonien hinzu. 1914 war dann der Landbesitz aller Deutschen in Russland mit insgesamt 9,5 Millionen Hektar um rund 1,6 Millionen Hektar größer als das Ackerland der Bundesrepublik Deutschland (vor der Wiedervereinigung).

Diese günstige Situation änderte sich für die Russlanddeutschen jedoch schlagartig nach der russischen Niederlage bei Tannenberg im September 1914: Es wurde nun nicht nur allen Siedlern deutscher Abstammung der Erwerb von Grund und Boden verboten, sondern sämtliche Deutsche, die in einer etwa 1 km tiefen Zone entlang der russischen Westgrenzen lebten, mussten innerhalb kürzester Zeit ihren dortigen Besitz verschleudern und ins Landesinnere ziehen. Aufgrund dessen und der folgenden Revolutionswirren emigrierten etwa 120.000 Russlanddeutsche, viele von ihnen nach Nord- und Südamerika. 1924 wurde dann die über 25.000 qkm umfassende „Autonome Sozialistische Sowjetrepublik der Wolgadeutschen" mit eigener Verwaltung sowie deutscher Amts- und Schulsprache eingerichtet. In den außerhalb dieses Gebietes liegenden deutschen Dörfern wurden nationale Sowjets (insgesamt etwa 550) gebildet, größere deutsche Siedlungsgebiet zu nationalen Rayons (insgesamt 15) zusammengefasst.[149]

Bis zum Ersten Weltkrieg wohnte der überwiegende Teil der späteren „Volksdeutschen" im Deutschen Kaiserreich und in der Habsburger Doppelmonarchie Österreich-Ungarn. Dies änderte sich 1919/20 durch folgende „Pariser Vorortverträge": den Friedensvertrag von Versailles vom 28. Juni 1919 (zwischen den Ententemächten und Deutschland), den Friedensvertrag von Saint-Germain-en-Laye vom 10. September 1919 (zwischen den Ententemächten und Österreich) und den Friedensvertrag von Trianon vom 4. Juni 1920 (zwischen den Ententemächten und Ungarn). Diese gingen bei der Neuordnung Mittel- und Osteuropas zu Lasten der besiegten Mächte Deutschland und Österreich-Ungarn über die 1918 vom amerikanischen Präsidenten Thomas Woodrow Wilson veröffentlichten „Vierzehn Punkte" hinaus, worin dieser außer der Räumung im Krieg besetzter Gebiete u.a. die Rückgabe von Elsass-Lothringen an Frankreich, eine Bereinigung der italienischen Grenzen zu Österreich entsprechend „klar erkennbaren Nationalitätengrenzen", eine autonome Entwicklung für die slawischen Völker der Donaumonarchie und die Errichtung eines polnischen

Staates unter Einschluss aller Gebiete mit unzweifelhaft polnischer Bevölkerung gefordert hatte.

So wurde jetzt zwar der übernationale Vielvölkerstaat Österreich-Ungarn zerschlagen, aber unter nationalstaatlichem Vorzeichen beispielsweise der Vielvölkerstaat Tschechoslowakei ins Leben gerufen, in dem 1919 außer Tschechen (46 Prozent) und Slowaken (13 Prozent) u.a. auch noch Polen (2 Prozent), Ukrainer (3 Prozent), Magyaren (8 Prozent) und vor allem fast 3,5 Millionen Deutsche (28 Prozent) lebten[150], die alle bei der Ausarbeitung der gesamtstaatlichen Konstitution nicht hatten mitwirken dürfen. Besonders die große Zahl von Deutschen, deren Siedlungsgebiete – nach entsprechenden Einverständniserklärungen ihrer Abgeordneten in Wien – durch ein Gesetz der „Provisorischen Nationalversammlung Deutschösterreichs" vom 14. November 1918 schon (voreilig) als die Provinzen „Deutschböhmen", „Sudetenland", „Deutschsüdmähren" und „Böhmerwaldgau" in österreichische Obhut genommen worden waren[151], bildete natürlich ein Gefahrenpotenzial, vor dem eine amerikanische Expertenkommission leider vergebens gewarnt hatte.

Außerdem verblieben gut 1,5 Millionen Deutsche – abgesehen von den fast 550.000 in Ungarn – als Minderheiten noch in weiteren Nachfolgestaaten der Donaumonarchie: rund 600.000 im neu entstandenen „Königreich der Serben, Kroaten und Slowenen", seit 1929 Jugoslawien, (vor allem im serbischen Banat, in der Batschka und in Slawonien) und etwa 750.000 in Rumänien (in Siebenbürgen, im Banat, in Bessarabien und in der Bukowina).[152]

> „Der Hauptfehler des Systems von Versailles war, daß das Nationalitätenproblem des alten Österreich unter neuen Vorzeichen wiederbelebt wurde. Österreich hatte nach 1867 aus neun Nationalitäten bestanden, … das alte Ungarn aus sieben … Aber die neue Tschechoslowakei umfaßte ebenfalls sieben und Jugoslawien neun Nationalitäten. Ja in den Randgebieten der neuen Staaten bildeten

Minderheiten mitunter die Mehrheit, so etwa die Deutschen in Nordböhmen ...“[153]

Das Selbstbestimmungsrecht blieb diesen genannten deutschen Volksgruppen, aber weitgehend auch den Deutschen in den anderen vom Deutschen Reich bzw. Österreich abgetrennten Gebieten versagt. So wurde ohne Volksbefragung Danzig zur Freien Stadt unter der Kontrolle des Völkerbundes erklärt, die Provinz Posen und ein Großteil Westpreußens zum neuen polnischen Staat geschlagen. Obwohl sich in Oberschlesien bei der Volksabstimmung 1921 immerhin 59,6 Prozent aller Einwohner für den Verbleib bei Deutschland ausgesprochen und sich einige von ihnen sogar mit Waffengewalt gegen eine Annexion durch Polen gewehrt hatten, kam es zu einer Teilung des Landes, wobei beispielsweise auch die Städte Kattowitz und Königshütte polnisch wurden, deren Bürger sich mit 85 bzw. 75 Prozent für Deutschland entschieden hatten. Zusammengenommen mit den deutschen Volksgruppen in den von Russland abgetretenen Gebieten (darunter auch Teile von Wolhynien und Galizien) lebten 1939 rund 1,4 Millionen Deutsche im neuen Polen. In den benachbarten baltischen Staaten Litauen (besonders im Memelgebiet), Lettland und Estland wohnten nochmals insgesamt rund 250.000 Deutsche.[154]

Durch bilaterale Schutzverträge mit einzelnen Staaten im Rahmen des Völkerbundes (aber auch in den Friedensverträgen) versuchten 1919 die Siegermächte immerhin, den ethnischen (wie religiösen) Minderheiten in Polen, in der Tschechoslowakei und in den Balkanstaaten eine gewisse kulturelle Autonomie und rechtliche Gleichstellung zu garantieren. Die Umsetzung in die Praxis krankte allerdings daran, dass der Völkerbund als Schiedsgericht nicht die Möglichkeit hatte, Diskriminierungen, auch wenn sie durch Gutachten bestätigt wurden, gegen den Willen des betroffenen Staates abzustellen, und dass die Minderheiten im Völkerbund nicht direkt vertreten waren, sondern nur durch den Staat, dem sie angehörten und der schon aus Gründen der Staatsräson alles daran setzte, Beschwerden zu torpedieren.[155] Umgekehrt beriefen sich die herrschenden Nationalitäten gerne auf den ihnen verordneten Minderheitenschutz, um für ihre eigenen Volksangehörigen mehrheitlich Spitzen- und Schlüsselpositionen zu sichern.

Dennoch existierten beispielsweise 1936 in der Tschechoslowakei eine deutschsprachige Universität, zwei ebensolche Technischen Hochschulen, 70 deutsche Gymnasien bzw. Oberrealschulen, 52 deutsche Landwirtschaftliche Fachschulen, 441 deutsche Bürgerschulen (Realschulen) und 3165 deutsche Volksschulen. Dazu kamen für die Deutschen u.a. noch 856 Turnvereine (mit insgesamt über 100.000 Mitgliedern), 28 (zumeist private) Theater und 245 politische Zeitschriften.[156] In Ungarn und Jugoslawien dagegen wurden den dortigen Deutschen nur eigene Volksschulen zugebilligt, in Slowenien und Italien nicht einmal das.[157]

Wie im Sudetenland gab es auch unter den anderen deutschen Minoritäten, die in den an Deutschland und Österreich angrenzenden Staaten lebten, sogenannte „Negativisten" und „Aktivisten". Erstere glaubten, dass eine Verfassungsänderung zu ihren Gunsten im Zuge der Innenpolitik nicht zu erreichen sei „und die deutsche Frage demnach ein außenpolitisches Problem darstelle, das nur über die Revision der Friedensverträge gelöst werden könne"; deshalb setzten sie in irredentistischer Absicht auf ein Wiedererstarken des Deutschen Reiches. Die „Aktivisten", zu denen u.a. die Christlichsozialen und die Sozialdemokraten zählten, hofften hingegen, „über die Mitarbeit im Staat und die grundsätzliche Staatsbejahung ... das Leben der Deutschen verbessern und dann einer Umwandlung des Staatsfundaments näherkommen zu können".[158] Bis 1935 hatten Letztere im Sudetenland die politische Mehrheit inne. Ihre Devise lautete:

„Wir haben 1000 Jahre mit den Tschechen gelebt, und wir sind mit den Tschechen durch wirtschaftliche, soziale, kulturelle, sogar rassische Beziehungen so eng verbunden, daß wir mit ihnen eine Einheit darstellen. Wir stellen, um ein Beispiel zu gebrauchen, die verschiedenen Muster eines Teppichs dar. ... Wir leben mit den Tschechen in einem Zustand der Symbiose, wir sind mit ihnen eine Vernunftehe eingegangen ..."[159]

Dies war analog auch die Ansicht der deutschen Minderheiten in Südosteuropa und in der Sowjetunion, für die ein Anschluss an das Deutsche Reich schon aufgrund der geographischen Situation nicht zur Debatte stand.

Opfer von Hitlers Germanisierungswahn

Mit Hitlers Machtübernahme im Deutschen Reich änderte sich für die Volksdeutschen zunächst nichts. Hitler war voll mit der Umstrukturierung Deutschlands zur NS-Diktatur beschäftigt, die Volksdeutschen waren dementsprechend noch nicht Bestandteil seines Machtkalküls gemäß der Vorgehensweise, die in Hitlers „Mein Kampf" beschrieben ist:

„Weiter ist zu bedenken, daß die Frage der Wiedergewinnung verlorener Gebietsteile eines Volkes und Staates immer in erster Linie die Frage der Wiedergewinnung der politischen Macht und Unabhängigkeit des Mutterlandes ist, daß mithin in einem solchen Falle die Interessen verlorener Gebiete rücksichtslos zurückgestellt werden müssen gegenüber dem einzigen Interesse der Wiedergewinnung der Freiheit [sprich: der Aufrichtung der NS-Herrschaft] des Hauptgebietes. Denn die Befreiung unterdrückter, abgetrennter Splitter eines Volkstums oder von Provinzen eines Reiches findet nicht statt auf Grund eines Wunsches der Unterdrückten oder eines Protestes der Zurückgebliebenen, sondern durch die Machtmittel der mehr oder weniger souverän gebliebenen Reste des ehemaligen gemeinsamen Vaterlandes."[160]

Zunächst schloss Hitler am 26. Januar 1934 mit Polen einlullend einen Nichtangriffs- und ein Freundschaftspakt. Denn der außenpolitische Grundsatz, von dem allein er sich leiten ließ, lautete: „Nützt es unserem Volk jetzt oder in der Zukunft, oder wird es ihm von Schaden sein?"[161]

Als dann die NS-Herrschaft in Deutschland gefestigt war, begann das neue Regime, die aufgrund der Minderheitenschutzverträge legitimen Ansprüche von Volksdeutschen aufzugreifen und vor allem zu einer üblen Hetze gegen Polen und die Tschechoslowakei zu missbrauchen. Dabei ging es Hitler nicht darum, den deutschen Minderheiten mehr Rechte zu erstreiten, sondern allein darum, einen Vorwand für die Einmischung in die inneren Angelegenheiten von Nachbarländern und schließlich sogar für ein militärisches Eingreifen zu erhalten, wie die Lektüre von „Mein Kampf" bestätigt:

„… unterdrückte Länder werden nicht durch flammende Proteste in den Schoß eines gemeinsamen Reiches zurückgeführt, sondern durch ein schlagkräftiges Schwert.
Dieses Schwert zu schmieden, ist die Aufgabe der innerpolitischen Leitung eines Volkes; die Schmiedearbeit zu sichern und Waffengenossen zu suchen, die Aufgabe der außenpolitischen."[162]

Zunächst wurden kulturelle Organisationen und Parteien deutscher Volksgruppen von Nationalsozialisten unterwandert und für Hitlers Expansionspolitik instrumentiert. V-Männer zettelten Unruhen an und bereiteten Sabotageakte vor. Manch unzufriedener Volksdeutsche wurde zum Gefolgsmann und Provokateur umfunktioniert.[163] Diesem Zweck diente zum Beispiel auch der „Verein für das Deutschtum im Ausland", der nach der Machtergreifung

1933 seiner Unabhängigkeit beraubt und zum „Volksbund für das Deutschtum im Ausland" (VDA) umgewandelt worden war.

Um alle mit der Volksdeutschen-Frage befassten Partei- und Regierungsstellen unter einer Oberleitung zusammenzufassen, wurde 1936 im Auftrag Hitlers die „Volksdeutsche Mittelstelle" (Vomi) eingerichtet. Sie wurde von einem SS-Führer geleitet und war zunächst der NSDAP unterstellt, ab 1938 dann direkt dem Führer und Reichskanzler. Ihre Hauptaufgabe war es, mit Unterstützung des SD, des Sicherheitsdienstes der SS, „die Volksdeutschen im Sinne des Nationalsozialismus zu beeinflussen und sie für die Ziele des Nationalsozialismus zu mißbrauchen".[164]

Wie bereits erwähnt, hatte Hitler schon 1925 gleich auf Seite 1 in „Mein Kampf" die Rückkehr Österreichs zum „deutschen Mutterland" wegen des „gleichen Blutes" gefordert. Ab 1926 verfolgte neben der deutschen NSDAP auch eine österreichische dieses Ziel. 1933 verboten, organisierte sie aus dem Untergrund einen Umsturzversuch, in dessen Verlauf der österreichische Bundeskanzler Engelbert Dollfuß von der Christlichsozialen Partei im Juli 1934 ermordet wurde.

Hatte damals Italien noch ostentativ Truppen an die österreichische Grenze verlegt, brauchte dies Hitler nicht mehr zu befürchten, seitdem Italien im November 1937 dem im Vorjahr zwischen Japan und dem Deutschen Reich geschlossenen „Antikominternpakt" zur „Abwehr gegen die Kommunistische Internationale" beigetreten war. Zudem signalisierte England, gegen eine friedliche Grenzregulierung nicht vorzugehen, und hatte Frankreich mit inneren Schwierigkeiten zu kämpfen.

So konnte sich Hitler an den „Anschluss" Österreichs an das Deutsche Reich wagen. Vorbereitend stellte er dem österreichischen Bundeskanzler Kurt Schuschnigg am 12. Februar 1938 ein Ultimatum, in dem er die Ernennung des NSDAP-Mitglieds Arthur Seyß-Inquart zum Innenminister und damit die Kontrolle der Nationalsozialisten über die österreichische Polizei forderte, außerdem den Austausch von Offizieren der Armeen beider Staaten. Nachdem Schuschnigg eine Volksabstimmung über den zukünftigen Status Österreichs in die Wege geleitet hatte, erzwang Hitler am 11. März dessen Rücktritt und veranlasste Seyß-Inquart die Deutsche Regierung um die Entsendung von Truppen zur Wiederherstellung von Ruhe und Ordnung in Österreich zu bitten. So konnte am 12. März 1938 die deutsche Wehrmacht ungehindert in Österreich einmarschieren und am folgenden Tag das „Gesetz über die Wiedervereinigung Österreichs mit dem Deutschen Reich" erlassen werden, wodurch Österreich entgegen den Friedensverträgen von 1919 ein „Land des Deutschen Reiches" wurde. Das Ausland protestierte formell. Am 15. April 1938 waren dann Deutsche und Österreicher zu einer gemeinsamen Volksabstimmung über die Vereinigung beider Länder aufgerufen. Ihr stimmten nach offiziellen NS-Angaben 99 Prozent der Deutschen und sogar 99,75 Prozent der Österreicher zu.[165]

Durch diesen raschen und reibungslosen Erfolg ermuntert, machte Hitler umgehend den nächsten Schritt. Ohne Mitsprache, ja nicht einmal Anhörung der Tschechoslowakei einigten sich am 29./30. September 1938 im sogenannten „Münchener Abkommen" die Regierungschefs von Deutschland (Adolf Hitler), Großbritannien (Neville Chamberlain), Frankreich (Édouard Daladier) und Italien (Benito Mussolini) darauf, dass die Tschechische Republik u.a. ein rund 28.000 qkm Gebiet mit etwa drei Millionen deutschsprachigen und ca. 800.000 tschechischen Bewohnern bis zum 10. Oktober vollständig an das Deutsche Reich abzutreten habe. Daraufhin besetzten deutsche Truppen am 1. Oktober 1938 kampflos das Sudetenland.

Auch diese Aktion war von langer Hand vorbereitet worden. Nachdem von der tschechoslowakischen Regierung 1933 nationalsozialistische Gruppierungen verboten worden waren, schloss sich die NSDAP der „Sudetendeutschen Heimatfront" an, aus der 1935 die „Sudetendeutsche Partei" hervorging. Diese wurde finanziell vom deutschen Auswärtigen Amt und propagandistisch von der Volksdeutschen Mittelstelle unterstützt und konnte bei den tschechoslowakischen Parlamentswahlen 1935 auf Anhieb zwei Drittel der deutschen Stimmen auf sich vereinigen.[166] Ihre Devise lautete auf Anordnung Hitlers: Keinem Konflikt mit anderen Volksgruppen ausweichen und an die tschechoslowakische Regierung „immer so hohe Forderungen stellen, daß sie niemals erfüllt werden können", wie ihr Führer Konrad Henlein verkündete.[167] In der am 15. September 1938 – dem Tag, an dem der britische Premierminister Chamberlain am Obersalzberg bei Berchtesgaden mit Hitler zusammentraf – vom Deutschen Nachrichtenbüro verbreiteten Proklamation Henleins lautete der letzte Satz: „Wir wollen heim ins Reich".[168] Um dieser Forderung Nachdruck zu verleihen, verübte das von Henlein in Deutschland aufgestellte „Sudetendeutsche Freikorps" in der Tschechoslowakei zahlreiche Terroranschläge. Schon am 30. Mai 1938 hatte Hitler in einer „Geheimen Kommandosache" festgelegt:

„Es ist mein unabänderlicher Entschluß, die Tschechoslowakei in absehbarer Zeit durch eine militärische Aktion zu zerschlagen. Den politisch und militärisch geeigneten Zeitpunkt abzuwarten oder herbeizuführen, ist Sache der politischen Führung. Eine unabwendbare Entwicklung der Zustände innerhalb der Tschechoslowakei oder sonstige politische Ereignisse in Europa … können mich zu frühzeitigem Handeln veranlassen …"[169]

Nachdem das „Münchener Abkommen" noch nicht einmal ein halbes Jahr alt war, brach Hitler es im März 1939: Deutsche Truppen marschierten in die „Rest-Tschechoslowakei" ein und annektierten den tschechischen Teil mit der Hauptstadt Prag als deutsches „Reichs-Protektorat Böhmen und Mähren"; die Slowakei wurde zwar eine eigene Republik, war aber ebenfalls dem „Schutz" des Deutschen Reichs unterstellt.[170] Vorher hatte Hitler den tschechoslowakischen Staatspräsidenten Dr. Emil Hacha und dessen Außenminister Franz Chvalkowsky in Berlin vor die Wahl gestellt, entweder keine Gegenwehr zu leisten oder eine Bombardierung Prags zu evozieren. So blieb diesen nichts anderes übrig, als um des lieben Friedens willen klein beizugeben und zu erklären, dass sie „das Schicksal des tschechischen Volkes und Landes vertrauensvoll in die Hände des Führers des Deutschen Reiches" legten[171].

„Einsatzkommandos der Sicherheitspolizei folgten den einmarschierenden Truppen der Wehrmacht, um die führenden Persönlichkeiten des politischen und kulturellen Lebens auszuforschen, sie mit Drohungen und notfalls mit Gewalt zum Schweigen zu bringen."[172]

Auf Druck Hitlers hin musste dann noch Litauen am 22. März 1939 das bis 1919 ostpreußische Memelland zurückgeben. Die Siegermächte von einst hatten geglaubt bzw. gehofft, dass sich Hitler nun zufriedengeben würde, da doch jetzt das Deutsche Reich fast die Ausmaße von 1914 – wenn auch mit Verschiebungen – erreicht habe. Doch in „Mein Kampf" äußerte Hitler eindeutig etwas anderes:

„Die Forderung nach Wiederherstellung der Grenzen des Jahres 1914 ist ein politischer Unsinn von Ausmaßen und Folgen, die ihn als Verbrechen erscheinen lassen. Ganz abgesehen davon, daß die Grenzen des Reiches im Jahre 1914 alles andere eher als logisch waren. Denn sie waren in Wirklichkeit weder vollständig in bezug auf die Zusammenfassung der Menschen deutscher Nationalität noch vernünftig in Hinsicht auf ihre militärgeographische Zweckmäßigkeit."[173]

Wie schon mehrmals angeschnitten, basierten Hitlers außenpolitische Ziele einzig und allein auf seiner Lebensraumtheorie:

„Deutschland hat eine jährliche Bevölkerungszunahme von nahezu neunhunderttausend Seelen. Die Schwierigkeit der Ernährung dieser Armee von neuen Staatsbürgern muß von Jahr zu Jahr größer werden und einmal bei einer Katastrophe enden, falls ... nicht Mittel und Wege gefunden werden, noch rechtzeitig der Gefahr dieser Hungerverelendung vorzubeugen."[174]

„Die Erwerbung von neuem Grund und Boden zur Ansiedelung der überlaufenden Volkszahl besitzt unendlich viel Vorzüge, besonders wenn man nicht die Gegenwart, sondern die Zukunft ins Auge faßt."[175]

„Wollte man in Europa Grund und Boden, dann [kann] dies im großen und ganzen nur auf Kosten Rußlands geschehen, dann [muss] sich das neue Reich wieder auf der Straße der einstigen Ordensritter in Marsch setzen, um mit dem deutschen Schwert dem deutschen Pflug die Scholle, der Nation aber das tägliche Brot zu geben."[176]

Dies sollte als weitere erwünschte Effekte „die Möglichkeit der Erhaltung eines gesunden Bauernstandes als Fundament der gesamten Nation" und einen „Schutz gegen soziale Erkrankungen, wie wir sie heute [durch Industrie und Handel] besitzen"[177], sowie mehr Sicherheit bringen:

„In der Größe des Wohnsitzes eines Volkes liegt allein schon ein wesentlicher Faktor zur Bestimmung seiner äußeren Sicherheit. Je größer die Raummenge ist, die einem Volk zur Verfügung steht, um so größer ist auch dessen natürlicher Schutz."[178]

Als Hitler dann nach einer NS-Propagandahetze und der „Inszenierung eines fingierten Anschlages polnischer Insurgenten gegen den grenznahen Gleiwitzer Sender" durch die SS[179] am 1. September 1939 Polen überfallen ließ, war das Maß voll und die Geduld Großbritanniens und Frankreichs am Ende: Zwei Tage später erklärten sie Deutschland den Krieg.

„Die ersten Opfer des Krieges waren die Volksdeutschen. Nach jahrelang vorbereiteten Listen ... wurden [von den Polen] 15.000 Deutsche in das östliche Polen verschleppt. Angst und Wut über die deutschen Siege führten zur Hysterie. Überall sah man ‚Spione' bzw. ‚fünfte Kolonnen'. Mehr als fünftausend Volksdeutsche wurden in den ersten Tagen des Krieges ermordet.“[180]

Dennoch ging Hitlers Siegeszug zunächst unvermittelt weiter. So konnte er im Lauf des September Polen bis zur Weichsel besetzen und als „Generalgouvernement“, d.h. „Nebenland des Reiches“, unter deutsche „Machthoheit“ stellen, mit Ausnahme der neu gebildeten „Reichsgaue Danzig-Westpreußen und Wartheland“ sowie Oberschlesien, die als „eingegliederte Ostgebiete“ direkt zu deutschem Reichsgebiet erklärt wurden.[181] Gemäß dem nationalsozialistischen Streben nach Einheit von Partei und Staat waren die Reichsgaue staatliches Verwaltungsgebiet und Gebietseinheit der Partei, an deren Spitze der Reichsstatthalter stand, der zugleich Gauleiter der NSDAP war.[182]

Zur Absicherung seines Angriffs auf Polen hatte Hitler kurz zuvor, am 23. August 1939, mit Stalin einen Nichtangriffsvertrag, den sogenannten „Hitler-Stalin-Pakt“, geschlossen, der eindeutig einen Verstoß gegen den „Antikominternpakt“ darstellte. In einem geheimen Zusatzprotokoll wurde zudem für den Kriegsfall eine Aufteilung Polens zwischen den beiden Mächten an der „Linie der Flüsse Narew, Weichsel und San“ vereinbart; darüber hinaus sollte „für den Fall einer territorial-politischen Umgestaltung in den zu den baltischen Staaten (Finnland, Estland, Lettland, Litauen) gehörenden Gebieten ... die nördliche Grenze Litauens zugleich die Grenze der Interessensphäre Deutschlands und der UdSSR“ bilden.[183]

In diesem Pakt scherte sich Hitler also nicht im Geringsten um die deutschen Volksgruppen östlich der Weichsel bzw. jener in Lettland und Estland, sondern gestand darüber hinaus der Sowjetunion auch noch ihr Interesse an Bessarabien zu, das nach dem Ersten

Weltkrieg Rumänien zugeschlagen worden war und damals u.a. von etwa 136.000 Volksdeutschen bewohnt wurde. Tatsächlich marschierten sowjetische Truppen 17 Tage nach dem deutschen Überfall auf Polen nicht nur in Ostpolen ein, sondern Ende Juni 1940 auch in Bessarabien, worauf 93.000 dortige Deutsche vom NS-Regime in die Reichsgaue Wartheland und Danzig-Westpreußen sowie in die Steiermark ausgesiedelt wurden.[184]

Schon seit Sommer 1939 gehörte es zum nun vorrangigen Auftrag der oben genannten Volksdeutschen Mittelstelle, die Umsiedlung bzw. – wie es auch hieß – „Rückwanderung" von Volksdeutschen technisch und organisatorisch vorzubereiten sowie durchzuführen. Zunächst waren es besonders Volksdeutsche aus den (von der Sowjetunion besetzten) baltischen Staaten und aus Südtirol, die – wie im Sudetenland – unter der Parole „Wir wollen heim ins Reich" zum Verlassen ihrer angestammten Heimat gedrängt wurden. So wurden noch 1939 etwa 10.000 Südtiroler nach Österreich sowie bis 1941 rund 128.000 baltische Volksdeutsche in die Reichsgaue verpflanzt.

Nach der Okkupation Polens erging an den Reichsführer-SS und Chef der Deutschen Polizei Heinrich Himmler der „Erlaß des Führers und Reichskanzlers zur Festigung deutschen Volkstums". Darin wurde Himmler mit der „Zurückführung der für die endgültige Heimkehr in das Reich in Betracht kommenden Reichs- und Volksdeutschen im Ausland", mit der „Gestaltung neuer deutscher Siedlungsgebiete durch Umsiedlung" und mit der „Ausschaltung des schädigenden Einflusses von … volksfremden Bevölkerungsteilen [wie, Juden, Polacken und Gesindel'], die eine Gefahr für das Reich und die deutsche Volksgemeinschaft bedeuten", beauftragt. Dabei war es Himmler überlassen, welche neuen Wohngebiete er „den in Frage stehenden Bevölkerungsteilen" zuwies.[185]

Da sich zum damaligen Zeitpunkt der überwiegende Teil der Volksdeutschen im Ausland befand, musste die NS-Regierung zunächst mit den betroffenen Ländern entsprechende bilaterale Verträge abschließen, in denen auch die Aussiedlerquoten festgelegt waren. Dies geschah zwischen 1939 und 1942 mit Italien, den baltischen Staaten, der Sowjetunion, mit Ungarn, Rumänien, Bulgarien und dem inzwischen unabhängigen Kroatien, doch konnten nicht mehr alle Vereinbarungen realisiert werden. In den von Deutschen besetzten Gebieten ging eine Aussiedlung einfach per administrativer Maßnahme vor sich.[186]

Die meist gegen ihren Willen ausgesiedelten Volksdeutschen wurden mehrheitlich nicht in das eigentliche Deutsche Reich, sondern in die neuen Reichsgaue, also in völkerrechtlich annektierte Gebiete, verbracht. Dies hatte nicht nur einen praktischen und politischen, sondern auch einen ideologischen Grund, die sogenannte „Germanisierung". Sie geht auf die Erklärung Hitlers in „Mein Kampf" zurück: „Wir stoppen den ewigen Germanenzug nach dem Süden und Westen Europas [sic!] und weisen den Blick nach dem Land im Osten"[187]. Um das Ziel eines „germanischen Staates deutscher Nation", d.h. eines „Großgermanischen Reiches", zu erlangen, sollten die slawischen Völker aus ihrer osteuropäischen Heimat vertrieben und an ihrer Stelle Deutsche angesiedelt werden. Denn, wie Heinrich Himmler in einer Rede am 8. November 1938 ausführte, sei

> „... jeder Germane mit bestem Blut, den wir nach Deutschland holen und zu einem deutschbewußten Germanen machen, ein Kämpfer für uns und auf der anderen Seite ... einer weniger. Ich habe wirklich die Absicht, germanisches Blut in der ganzen Welt zu holen, zu rauben und zu stehlen, wo immer ich kann."[188]

Zur „Germanisierung" wurden vor allem Volksdeutsche herangezogen, die „nachweislich ihr Deutschtum bewahrt" hatten und wegen ihrer einwandfreien politischen Haltung auch für eine Mitgliedschaft in der NSDAP vorgesehen waren, aber auch solche, die zwar nicht rein, aber „überwiegend deutscher Herkunft und Gesinnung" waren und sich einer „rasse-gesundheitlichen Untersuchung" durch das Rasse- und Siedlungshauptamt der SS unterzogen hatten. Entsprachen sie den nationalsozialistischen Rasse- und Gesundheitsnormen nicht, wurden sie in ihre Herkunftsländer zurückgeschickt oder ins Generalgouvernement abgeschoben. Ansonsten wurde ihnen das zukünftige Siedlungsgebiet zugewiesen, Wünsche der Betroffenen wurden dabei nicht berücksichtigt.

Hinzu kamen noch – teils freiwillig, teils gezwungenermaßen – „eingedeutschte" Angehörige fremder Völker (zunächst Polen, dann auch Ukrainer, Russen, Tschechen und Litauer), die nach nationalsozialistischer Einschätzung „rassisch einen wertvollen Bevölkerungszuwachs" darstellten. Zu „eindeutschungsfähigen Personen" wurden aber nicht nur Erwachsene erklärt, die sich daraufhin einer nationalsozialistischen Umerziehung unterwerfen mussten, sondern auch Tausende von Kindern, die ihren leiblichen Eltern weggenommen und in deutsche Familien oder in „Lebensborn"-Heime der SS verbracht wurden.[189]

Um „dem Führer das germanische Reich bauen" zu können[190], war es zunächst notwendig, Platz für die neuen Siedler zu schaffen. Dazu wurden Millionen Polen und Russen, darunter viele Juden, enteignet, vertrieben bzw. in Ghettos und Vernichtungslager verschleppt und ermordet. Ausführende Organe waren die Sicherheitspolizei und der Sicherheitsdienst des Reichsführers-SS. Die slawische („fremdvölkische") Bevölkerung sollte dem neuen „Herrenvolk"[191] nur noch als „Arbeitsvolk"[192] bzw. „Sklaven für [dessen] Kultur" (Himmler) dienen. Dennoch verlief alles nicht so schnell und reibungslos wie geplant. Die Anfangsschwierigkeiten der Umsiedler waren enorm, Tausende warteten in Lagern sogar vergeblich auf Landzuteilung. Sie alle hatten ihre angestammte Heimat unter der Zusage verlassen, dass ihnen am neuen Wohnort bislang staatliche Domänen zugeteilt würden. Nun aber mussten sie überrascht bzw. bestürzt feststellen, dass es überwiegend enteigneter Privatbesitz war, den sie da übernahmen, was für viele eine zusätzliche Belastung war.[193]

Mit Beginn des Einmarsches der deutschen Wehrmacht in die Sowjetunion am 22. Juni 1941 wurde die nationalsozialistische Germanisierungspolitik dorthin ausgeweitet. Himmlers „Generalplan Ost" von 1942 sah vor, 30 Millionen Slawen nach Sibirien abzudrängen und in den vier „Reichskommisariaten" „Ostland", „Ukraine", „Moskowien" und „Kaukasien" deutsche Siedlungsstützpunkte zu errichten.[194] Doch dazu sollte es nicht mehr kommen.

Im Zuge der „Germanisierung" mussten von 1939 bis 1944 über 950.000 Volksdeutsche aus Südtirol, den baltischen Staaten, aus Bessarabien, der Bukowina, der Dobrudscha, aus Bulgarien, Serbien, Gottschee (Slowenien), Kroatien, Russland, der Ukraine, aus Wolhynien, Galizien und zuletzt auch aus Siebenbürgen ihren Lebensraum wechseln. Diese Maßnahme Hitlers bildete den Anfang zur „Vernichtung deutscher Volksgruppen als ethnische Einheiten" und zur „Zerstörung historisch gewachsener deutscher Kultur" außerhalb Deutschlands.[195] Denn auch am neuen Wohnort, in der Regel in einem der Reichsgaue, sollte das Bleiben der umgesiedelten Volksdeutschen nicht von langer Dauer sein.

Nachdem sich das Kriegsglück gewendet hatte, mussten diese vor den heranrückenden Sowjettruppen flüchten, die in ihrer Soldatenzeitung „Roter Stern" zur Rache angestachelt wurden: „Es genügt nicht, die Deutschen nach Westen zu treiben. Die Deutschen müssen ins Grab gejagt werden". Wer nicht freiwillig ging, wurde nach der Befreiung der besetzten Gebiete durch die Sowjets vertrieben, ermordet oder auch in die Sowjetunion „repatriiert" (sprich: deportiert).[196] Im Artikel XIII des Potsdamer Abkommens vom 2. August 1945 wurde dann die „geordnete" Überführung der verbliebenen deutschen Bevölkerungsteile aus dem neuen Polen, der Tschechoslowakei und Ungarn verfügt.[197] Insgesamt fielen so dem Germanisierungswahn Hitlers noch nachträglich 2,11 Millionen Volksdeutsche zum Opfer, fast zwölf Millionen mussten ab 1945 ihre Heimat verlassen.[198] Aus den Volks- bzw. Beutedeutschen waren die „Vertriebenen" geworden.

Volksdeutsche konnten auch Mitglieder der Waffen-SS werden, wie „seit 1940 die offizielle Bezeichnung für die im Rahmen des Heeres eingesetzten bewaffneten Truppen der SS" lautete.[199] Prinzipiell war der Eintritt freiwillig, doch trat an die Stelle der Freiwilligkeit kriegsbedingt zunehmend der Zwang, sei es aufgrund massiver Drohungen oder gar Erpressung. Dennoch kann nicht geleugnet werden, dass sich unter den volksdeutschen SS-Angehörigen auch überzeugte Nationalsozialisten bzw. Antikommunisten befanden. Zudem wurden von der SS gerne volksdeutsche „Selbstschutz"-Einheiten – beispielsweise in der Ukraine –zur Durchführung von Massenmorden gezwungen.[200]

HITLERS VERRAT AN SÜDTIROL ZUGUNSTEN DER ITALIENISCHEN FASCHISTEN

Die Situation Südtirols nach dem Friedensvertrag von Saint-Germain

Nachdem im geheimen Londoner Vertrag vom 26. April 1915 durch die Ententemächte Russland, Großbritannien und Frankreich Gebietserweiterungen auf Kosten Österreich-Ungarns[201] zugesagt worden waren, gab Italien seine bislang im Ersten Weltkrieg eingehaltene Neutralität auf und erklärte am 23. Mai zunächst der Habsburgermonarchie, am 28. August des folgenden Jahres auf Druck der Alliierten schließlich auch dem Deutschen Reich den Krieg. Nach zwölf erfolglosen Isonzoschlachten und dem deutsch-österreichischen Durchbruch von Karfreit (Caporetto) im Oktober 1917 der Niederlage nahe, konnte Italien erst in einer Schlussoffensive gegen die sich auflösende Donaumonarchie im Oktober 1918 an Boden gewinnen.[202]

Als dann Deutschland und Österreich-Ungarn besiegt waren, forderte Italien seinen Lohn ein. Obwohl US-Präsident Wilson noch im Frühjahr 1918 in Punkt IX seiner „Vierzehn Punkte" eine Bereinigung der italienischen Grenzen zu Österreich entsprechend „klar erkennbaren Nationalitätengrenzen" in Aussicht gestellt hatte, sprach auch er sich ein Jahr später für die von Italien beanspruchte Lösung aus: die Brennergrenze ohne Selbstbestimmungsrecht der deutschstämmigen Südtiroler (im Jahre 1910 rund 202.000 bei nicht einmal 7000 Italienern), ja sogar ohne Minderheitenschutzbestimmungen. Der Grund lag darin, dass Italien in seinen

Ansprüchen schon gegenüber dem neu geschaffenen „Königreich der Serben, Kroaten und Slowenen" (dem späteren Jugoslawien) zurückstecken musste (Verzicht auf Dalmatien und Fiume), aber auch in den Bestrebungen österreichischer Politiker nach einem Anschluss Deutschösterreichs an Deutschland, was die Angst der Siegermächte vor einem Großdeutschen Reich schürte und zu deren Reaktion führte, dem in jeder Beziehung entgegenzuwirken.[203] Auf diese Phobie setzte die Diplomatie Italiens: Sie bestärkte anscheinend großzügig, ja freundschaftlich die österreichische Anschlusspolitik in der Hoffnung, dadurch problemloser – bei den Alliierten wie bei den Deutschen – die Abtretung Südtirols zu erreichen.

Um die Einheit Tirols zu retten, beschlossen am 3. Mai 1919 die Mehrheitsparteien in der Tiroler Landesversammlung, „das geschlossene deutsche und ladinische Landesgebiet von Kuftstein bis zu Salurner Klause" als neutrale, eigenständige Republik auszurufen. Dieses Unterfangen scheiterte aber, nachdem von den Alliierten für Österreich ein Anschlussverbot an Deutschland bestimmt worden war, weil das ohnehin kleine Deutschösterreich ohne Tirol kaum lebensfähig gewesen wäre.[204]

Ohne vorher wenigstens angehört worden zu sein, wurde der österreichischen Delegation dann am 2. Juni 1919 im Pariser Vorort Saint-Germain-en-Laye der Friedensvertragsentwurf vorgesetzt, in dem die Abtretung Südtirols, das im 6./7. Jahrhundert von den Bajuwaren besiedelt worden war und seit 1515 auch „Welschtirol" (bis Ala im Etschtal und am nördlichen Gardasee) umfasste, an Italien bereits festgeschrieben war. Der Christlichsoziale Delegierte Dr. Franz Schumacher aus Tirol berichtete darüber am folgenden Tag seiner Landesregierung:

„Was die Gebietsbestimmungen betrifft, wurden … die schlimmsten Befürchtungen noch übertroffen. Nicht nur das ganze Gebiet südlich der Waffenstillstandslinie, wie es jetzt von Italien besetzt gehalten wird, soll an Italien verloren gehen, sondern auch noch ein Teil des ... Pustertales, das altehrwürdige Innichen, das schwer geprüfte Sextental, die Gemeinden Vierschach und Winnebach sollen der imperialistischen Ländergier der Italiener zum Opfer fallen."[205]

Die Empörung darüber war in Tirol verständlicherweise sehr groß. Es kam zu mehreren Protestaktionen, auf denen die geplante Annexion Südtirols durch Italien auf das schärfste verurteilt wurde. Der Note Österreichs an die Alliierten vom 6. August 1919 wurde eine Protesterklärung aller deutschsprachigen Gemeinden, die damals von Italien besetzt waren, beigefügt, was einem Volksvotum gleichkam. Doch änderte dies alles nichts mehr am Beschluss der Siegermächte, die nur allzu gerne der Erklärung des italienischen Ministerpräsidenten Francesco Saverio Nitti, Italien werde selbstverständlich auf Sprache, Kultur und wirtschaftliche Interessen seiner Bürger deutscher Volkszugehörigkeit in liberaler Weise Rücksicht nehmen, Glauben schenkten und sich beim Festhalten an der Brennergrenze auf militärstrategische Argumente versteiften.

So blieb der österreichischen Delegation nichts anderes übrig, als den Friedensvertrag am 10. September 1919 „tieftraurig" zu unterzeichnen.[206] In seiner letzten Rede vor der Nationalversammlung in Wien prophezeite der Südtiroler Abgeordnete Dr. Eduard Reut-Nicolussi:

„Es wird jetzt in Südtirol ein Verzweiflungskampf beginnen um jeden Bauernhof und um jedes Stadthaus, um jeden Wald und um jeden Weinberg, es wird ein Kampf sein mit allen Mitteln des Geistes und mit allen Mitteln der Politik, ein Verzweiflungskampf deshalb, weil wir eine Viertelmillion Deutsche sind gegen 40 Millionen Italiener, wahrhaft ein ungleicher Kampf!"[207]

Nach Abschluss des Friedensvertrags betrachtete Rom das am 10. Oktober 1919 offiziell eingegliederte Südtirol „als eine rein inneritalienische Angelegenheit, welche die Tiroler und die Österreicher in keiner Weise mehr zu berühren hatte"[208]. Entgegen den vormaligen italienischen Autonomieversprechungen wurde Südtirol als Provinz „Venezia Tridentina" dem zentralistisch regierten und verwalteten Staat Italien eingefügt. 1926 erfolgte deren Teilung in die Provinzen Bozen und Trient. Auch wies Italien nun strikt jegliche Anschlussbemühungen Österreichs an Deutschland zurück wegen der Befürchtung analoger irredentistischer Forderungen vonseiten der Südtiroler.

Diese Haltung Italiens verhärtete sich, als nach bürgerkriegsähnlichen Kämpfen und dem faschistischen „Marsch auf Rom" der einstige Sozialist und Kriegsbefürworter Benito Mussolini (1883–1945) am 31. Oktober 1922 von König Viktor Emanuel III. zum Ministerpräsidenten ernannt wurde und der von ihm geführte „Partito Nazionale Fascista" (PNF) die Schlüsselpositionen in der Regierung einnahm. Noch im gleichen Jahr setzte Mussolini (wie später Hitler) ein „Ermächtigungsgesetz" in Kraft. Im Januar 1923 erfolgte die Gründung einer „Freiwilligen Miliz für die nationale Sicherheit" („Milizia volontaria per la sicurezza nazionale") zur Kontrolle und Abschreckung der politischen Gegner. Durch Gesetzesänderung (1923) bzw. Sondergesetze (1925/26) sicherte Mussolini den Faschisten eine starke Mehrheit in der Abgeordnetenkammer und erweiterte seine Befugnisse als Regierungschef und die seiner Regierung. Der Weg zur Diktatur des „Duce" war geebnet. Sie wurde nun u.a. durch die Aufhebung von Grundrechten (Versammlungs- und Vereinigungsrecht, Pressefreiheit), durch das Verbot aller Parteien außer der faschistischen, durch die Einführung eines „Sondergerichtshofs" für „politische Verbrechen" und durch die Gründung einer Geheimpolizei (OVRA) zementiert.[209]

Einen Vorgeschmack darauf, was Südtirol unter den Faschisten zu erwarten hatte, bot der sogenannte „Blutsonntag" am 24. April 1921 in Bozen:

„… mit Totschlägern, Pistolen und Handgranaten bewaffnete ‚Schwarzhemden' aus den Altprovinzen [Italiens] kamen nach Bozen und überfielen den anläßlich der Bozner Frühjahrsmesse stattfindenden Trachtenumzug; sie töteten den Marlinger Lehrer Franz Innerhofer und verletzten weitere 48 Südtiroler."[210]

Nach der faschistischen Machtübernahme in Rom wurden die „Entnationalisierung der Südtiroler" und die „Italianisierung Südtirols" konsequent vorangetrieben. Aus Südtirol wurde „Alto Adige" (Oberetsch), die angestammten deutschen Ortsnamen wurden – z. T. falsch – ins Italienische übersetzt oder, wenn dies nicht möglich war, einfach durch Anhängen einer italienischen Endung italianisiert. Dasselbe geschah mit den deutschen Familiennamen. Italienisch wurde einzige Amtssprache, auch vor Gericht, wodurch die Südtiroler gleichsam rechtlos wurden. Sämtliche Beschriftungen, selbst die der Grabsteine, mussten in Italienisch abgefasst werden. Deutsche Tageszeitungen wurden verboten.[211]

Am 11. Oktober 1923 erließ Unterrichtsminister Giovanni Gentile ein Dekret, dem zufolge stufenweise alle deutschen Schulen Südtirols gänzlich italianisiert werden mussten: zunächst die Volksschulen, ab 1927 dann auch die Mittel- und Höheren Schulen. Dies führte zu einem Chaos: Zum einen fehlten – zumindest anfangs – die hierzu notwendigen italienischen Lehrkräfte, obwohl sie vom Staat Vergünstigungen (wie Gratiswohnungen, großzügige Beförderung, Kilometergeld) erhielten, zum anderen waren die Schüler überfordert und wurden von ihren Eltern zum Widerstand gegen die fremden, überdies meist faschistisch geprägten Lehrer ermutigt. Außerdem wurden bis 1932 die deutschen Lehrkräfte entschädigungslos entlassen oder, falls sie den italienischen Befähigungsnachweis erbringen konnten, nach Süditalien versetzt – ein Los, das sie mit den Südtiroler Rekruten teilten. Im Mai 1924 schloss man gewaltsam die deutschen Kindergärten. Österreichische und deutsche Hochschulabschlüsse wurden nur noch anerkannt, wenn ergänzend ein einjähriges Studium an einer italienischen Universität absolviert worden war.[212]

Der neue Minister Alessandro Casati ließ keinen Zweifel daran, was diese Reformen bezwecken sollten:

> „Das Unterrichtsprogramm soll nicht nur Kinder und Erwachsene zum Gebrauch des Italienischen anhalten, es soll aus ihnen auch gefühlsmäßig Italiener machen."[213]

Eine der treibenden Kräfte in Theorie und Praxis war der fanatische Trentiner Irredentist und Geschichtslehrer Ettore Tolomei, der – inzwischen Senator geworden – 1923 im Bozener Stadttheater mit seinen „Provvedimenti per l'Alto Adige" die totale Italianisierung Südtirols proklamierte. Diese hatte er schon seit längerem immer wieder (pseudo-)wissenschaftlich zu begründen versucht. Von deutscher Seite wurde er deshalb zum „Totengräber Südtirols" abgestempelt. Seine Ideen wurden von den Faschisten als „willkommene Legitimation unpopulärer Maßnahmen" und „zur Kaschierung rein machtpolitischer Interessen" bereitwillig aufgegriffen. Tolomei bekam dafür von ihnen nicht nur 1936 die Goldene Medaille für Verdienste um die Verbreitung der italienischen Sprache und Kultur verliehen, sondern wurde 1938 sogar in den Grafenstand („Conte della Vetta") erhoben.[214]

Der einzige Hort deutscher Sprache und Kultur blieb die katholische Kirche aufgrund der Lateranverträge von 1929. Sie konnte die beiden deutschsprachigen Seminare der Diözesen Brixen und Trient fortführen. Außerdem wurde seit 1928 in sogenannten „Pfarrschulen" zweimal wöchentlich für alle Kinder ab dem sechsten Lebensjahr Religionsunterricht in der Muttersprache erteilt.[215]

Mit Unterstützung der Kirche, welche die Auswahl und Ausbildung von Lehrkräften übernahm, entwickelten sich privat in den Familien deutsche Hausschulen, sogenannte „Katakombenschulen". Hier konnten auch entlassene deutsche Lehrkräfte ein neues Wirkungsfeld finden. Doch bald bekamen die italienischen Behörden Wind davon. Systematische Hausdurchsuchungen waren die Folge, bei denen man auch Jagd auf deutsche Bücher machte. Es kam zu Verhaftungen und Ausweisungen von Südtirolern. Dennoch konnte der Geheimunterricht nicht völlig unterbunden werden, der ohne die finanzielle Unterstützung (bis 1937: bis zu 250.000 Reichsmark und mehr pro Jahr) durch den „Volksbund für das Deutschtum im Ausland" (VDA) in Berlin nicht hätte durchgeführt werden können.[216]

Die sogenannten „Austriacanti", „d.h. die von Klerus, Adel und Besitzern geführte ältere Generation, welche auf die Rückkehr zu Österreich hoffte", bekam ab 1933 Konkurrenz:[217] Aus deutschnationalen Sportler- und Studentenkreisen, also „der sowohl von Italien wie von den einheimischen Honoratioren enttäuschten Jugend", entstand der „Völkische Kampfring Südtirols" (VKS), der in Ideologie und Struktur ganz auf NS-Deutschland ausgerichtet war, ja sich „geradezu als Gau Südtirol der NSDAP" darstellte, die „Träger der Verantwortung in Südtirol als Feinde des Nationalsozialismus" diskreditierte und Gewaltakte gegen Carabinieri durchführte, was in Berlin großen Unwillen hervorrief. Der Leiter des VDA, Hans Steinacher, erklärte daher dem Führer des VKS, Peter Hofer:

> „Die Formen des Auftretens des VKS sind untragbar. Aufmärsche nach dem reichsdeutschen Muster der SS, Führertreffen, wobei Symbole des Deutschen Reiches und Bilder von Hitler und Heß aufgehängt werden, sind zu unterlassen."[218]

1935 begann auch der VKS mit geheimer Schularbeit, bei der es aber „mehr um die Schulung der Weltanschauung als um Unterricht in deutscher Sprache" ging.[219]

So konnte die Rechnung der italienischen Faschisten bei der angestrebten Entnationalisierung der Südtiroler nicht aufgehen. Denn, wie Gaetano Salvemini feststellte:

„Früher gebrauchten die Südtiroler ihre Sprache, ohne sich dessen bewußt zu sein, daß es Deutsch war. ... Unter dem Druck des Faschismus erlangten [sie] das Bewußtsein, eine eigene Sprache zu sprechen. ... Die Faschisten haben die deutsche Sprache tiefer denn je in ihren Herzen verwurzelt. Auch jene, die von sich aus italienisch gelernt hätten ..., empfanden nur noch Haß gegen die Italiener, als man sie gewaltsam zwang, deren Sprache zu lernen."[220]

Mit gleicher Vehemenz und Rigorosität wie die Entnationalisierung der Südtiroler wurde von den Faschisten auch die „Assimilierung", d.h. Italianisierung Südtirols vorangetrieben. So wurden die einheimischen Bürgermeister durch italienische Amtsbürgermeister ersetzt. Das Denkmal Walther von der Vogelweides auf dem Hauptplatz in Bozen wurde entfernt, dafür erhielt die Provinzhauptstadt bis 1928 – über den Fundamenten eines 1917 begonnenen Kaiserjägerdenkmals – ein gewaltiges Monument zur Erinnerung an den Sieg Italiens über Österreich im Ersten Weltkrieg. Die massenweise Zuwanderung von Italienern sollte zumindest in Bozen die Südtiroler zur Minderheit machen: Lebten 1910 nur rund 6950 Italiener in Südtirol, so waren es 1939 bereits 80.800.[221]

Zugleich war von den Faschisten zur Integration Südtirols in die Volkswirtschaft Italiens die Zerschlagung der dortigen Agrarwirtschaft anvisiert: So wurden 1926 der Bauernbund und die landwirtschaftliche Zentralkasse aufgelöst, was ganze Talschaften in bittere Not brachte. An ihrer Stelle wurde 1937 eine öffentlich-rechtliche Bodenkreditbank eingesetzt, das „Ente di Rinascita Agraria per le tre Venezie" (E.R.A.), dessen primäre Aufgabe es sein sollte, verschuldete Südtiroler vorsätzlich in den Ruin zu trieben und schließlich zu enteignen. Schon 1929 hatte man das Tiroler Höfegesetz aufgehoben, um so der Zerstückelung von bäuerlichem Grund Vorschub zu leisten und damit leichter und schneller Grundbesitz in italienische Hände bringen zu können. Die Begründung der Faschisten für diese „conquista del suolo" (Eroberung des Bodens) lautete:

„Solange die kompakte und absolute Herrschaft der Südtiroler über den Bodenbesitz nicht gebrochen ist, werden wir Fremde sein und Fremde bleiben."[222]

Dem versuchte der Leiter des „Volksbundes für das Deutschtum im Ausland", Hans Steinacher, gegenzusteuern, indem er allein 1936/37 zwei Millionen Reichsmark nach Südtirol pumpte, um die Zwangsversteigerung von 500 Bauernhöfen zu verhindern und fast die gesamte Obsternte Südtirols für das Deutsche Reich aufzukaufen.[223] Nachdem er dann im Oktober 1937 auf eine Intervention Mussolinis hin wegen Zuwiderhandlung gegen die „Politik des Führers" entlassen worden war[224], wurden die deutschen Zahlungen eingestellt, sodass 1938 rund 1000 Höfe, „5 % aller landwirtschaftlichen Betriebe Südtirols", zur Versteigerung kamen und zum überwiegenden Teil Italiener zum Besitzer bekamen[225].

Zudem stampften die Faschisten die „Industriezone Bozen" aus dem Boden: Im Herbst 1935 wurden hierzu im Süden der Stadt, die „Ausgangspunkt und Brückenkopf der faschistischen Italianisierungspolitik in Südtirol"[226] werden sollte, auf einer zwangsenteigneten landwirtschaftlichen Fläche von etwa 30 Hektar rund 50.000 Obstbäume und unzählige Weinstöcke kurz vor der Ernte vernichtet.[227] Die Ansiedlung neuer italienischer Industriebetriebe dort wurde mit großen steuerlichen Vergünstigungen gefördert. Für die Arbeiter aus ganz Italien entstanden große Wohnblocks; neue Straßen, Brücken und Verwaltungsgebäude folgten. Als architektonische Symbole der neuen faschistischen Kultur bildeten sie allesamt Fremdkörper im Stadtbild bzw. in der Landschaft.[228]

Als Italien im Oktober 1935 mit dem Angriff auf Abessinien (Äthiopien) offen den Weg einer Expansionspolitik beschritt, beging eine beträchtliche Zahl von Südtirolern Fahnenflucht und setzte sich illegal nach Österreich und Deutschland, vor allem Bayern, ab. Die deutschen Nationalsozialisten, denen dieser Vorgang äußerst peinlich war, versuchten in Auffanglagern an der südlichen Reichsgrenze die jungen Männer, deren sie habhaft werden konnten, zur Rückkehr zu bewegen.[229]

Die Lage der Volksdeutschen in Südtirol war nach dem Ersten Weltkrieg also mindestens so schlecht wie die der Sudetendeutschen, eher sogar noch schlechter. Dennoch setzte sich Hitler politisch nur für die Sudetendeutschen ein, da dies in sein ideologisches Konzept passte, neuen „Lebensraum" im Osten zu schaffen. Es ging ihm also nicht generell um die immer wieder propagierte Verbesserung der Situation der Volksdeutschen im Ausland, sondern die Forderung nach ihrer „Freiheit" war für ihn nur ein Vorwand, nur Mittel zum Zweck. Deshalb konnte sich der Wunsch nicht erfüllen, der in Südtirol nach der Saarabstimmung 1935 in folgendem Vers zusammengefasst war: „Diesmal die Saar, / wir übers Jahr"[230].

Südtirol als „Störfaktor" zwischen Hitler und Mussolini

Adolf Hitler äußerte sich bereits 1926 im zweiten Band seiner Schrift „Mein Kampf" mehrmals zur „Südtiroler Frage". Zunächst warnte er davor, „die Südtiroler Frage zu einer Bedeutung emporzutreiben, die dem deutschen Volk verhängnisvoll werden" müsse.[231] Dabei dachte Hitler vorderhand an die Gefährdung des angestrebten Anschlusses von Österreich an Deutschland, welcher der Zustimmung bzw. Duldung durch Italien bedurfte. Diese sollte – trotz aller Sympathie der Deutschen für die dortige deutschsprachige Bevölkerung – durch die Preisgabe Südtirols erkauft werden, was durchaus im Einklang mit der deutschen Außenpolitik der Nachkriegszeit schon vor Hitler stand und wogegen eigentlich nur die Öffentlichkeit und Presse in Bayern opponierten. Außerdem war die Siegermacht Italien in mehreren für Deutschland wichtigen internationalen Gremien stimmberechtigt, so in der Reparationskommission und in der militärischen Kontrollkommission. Bereits am 28. April 1921 hatte Deutschland mit Italien, das ebenfalls über die Pariser Friedensverträge unzufrieden war und in dem sich zunehmend eine Antipathie gegenüber den hierfür Schuldigen, nämlich Frankreich und den USA, entwickelte, ein Wirtschafts- und Handelsabkommen unterzeichnen können, das erste mit einem anderen Staat nach dem Ersten Weltkrieg.[232]

Dazu kam bei Hitler die Bewunderung Mussolinis und dessen Faschismus wegen ihrer verwandten ideologischen Ziele, ihrer erfolgreichen Durchsetzung seit der Machtübernahme und der damit verbundenen „nationalen Wiedergeburt" Italiens. In „Mein Kampf" rühmte er:

„In einem Staate kann die derzeitige Staatsgewalt als so fest stabilisiert angesehen werden und so unbedingt den Interessen des Landes dienend, daß von einer wirklich wirksamen Verhinderung politischer Notwendigkeiten durch internationale jüdische Kräfte nicht mehr gesprochen werden kann.

Der Kampf, den das faschistische Italien gegen die drei Hauptwaffen des Judentums, wenn auch vielleicht im tiefsten Grunde unbewußt (was ich persönlich nicht glaube), durchführt, ist das beste Anzeichen dafür, daß, wenn auch auf indirektem Wege, dieser überstaatlichen Macht die Giftzähne ausgebrochen werden. Das Verbot der freimaurerischen Geheimgesellschaften, die Verfolgung der übernationalen Presse sowie der dauernde Abbruch des internationalen Marxismus und umgekehrt die stete Festigung der faschistischen Staatsauffassung werden im Laufe der Jahre die italienische Regierung immer mehr den Interessen des italienischen Volkes dienen lassen können …"[233]

Dass Mussolini für Hitler teilweise Vorbildfunktion hatte, zeigt sich u.a. in Hitlers Ausrufung vom „Marsch auf Berlin" 1923 analog der ein Jahr zuvor erfolgreichen faschistischen „Marcia su Roma".

Aus diesen Gründen warf Hitler in seiner Kampfschrift den Süd-
tirol-Sympathisanten auch vor:

„Ohne zu bedenken, wessen Dienste sie damit besorgen, haben sich
viele sogenannte ‚nationale' Männer und Parteien und Verbände
lediglich aus Feigheit vor der von den Juden [sic!] aufgerührten
öffentlichen Meinung dem allgemeinen Geschrei angeschlossen
und sinnlos mitgeholfen, den Kampf gegen ein System zu unterstützen, das wir Deutsche gerade in dieser heutigen Lage als
den einzigen Lichtblick in dieser verkommenen Welt empfinden
müßten. Während uns der internationale Weltjude langsam, aber
sicher die Gurgel abdrückt, brüllen unsere sogenannten Patrioten
gegen den Mann [Mussolini] und ein System, die es gewagt haben,
sich wenigstens an einer Stelle der Erde der jüdisch-freimaureri-
schen Umklammerung zu entziehen und dieser internationalen
Weltvergiftung einen nationalistischen Widerstand entgegenzu-
setzen."[234]

In „Mein Kampf" nannte Hitler auch die prinzipielle „Voraussetzung für die Befreiung verlorener Gebiete":

„Weiter ist zu bedenken, daß die Frage der Wiedergewinnung verlorener Gebietsteile eines Volkes und Staates immer in erster Linie
die Frage der Wiedergewinnung der politischen Macht und Unabhängigkeit des Mutterlandes [also des Deutschen Reichs] ist, daß
mithin in einem solchen Falle die Interessen verlorener Gebiete
[wie Südtirol] rücksichtslos zurückgestellt werden müssen gegenüber dem einzigen Interesse der Wiedergewinnung der Freiheit des
Hauptgebietes. Denn die Befreiung unterdrückter, abgetrennter
Splitter eines Volkstums oder von Provinzen eines Reiches findet
nicht statt auf Grund eines Wunsches der Unterdrückten oder eines
Protestes der Zurückgebliebenen ..."[235]

Die Befreiung von (Volks-)Deutschen in von Fremdstaaten besetzten bzw. annektierten Gebieten konnte demnach nur erfolgen, wenn es dem Machtstreben Deutschlands nützte, und das war (nicht nur) nach Hitlers Ansicht bei Südtirol nicht der Fall.

Denn nach dem verlorenen Ersten Weltkrieg waren die außenpolitischen Möglichkeiten Deutschlands sehr beschränkt. Hitler konstatierte deshalb:

„Für Deutschland … bedeutet die französische Gefahr die Verpflichtung, unter Zurückstellung aller Gefühlsmomente, dem die Hand zu reichen, der, ebenso bedroht wie wir, Frankreichs Herrschgelüste nicht erdulden und ertragen will.

In Europa wird es für Deutschland in absehbarer Zukunft nur zwei Verbündete geben können: England und Italien."[236]

Hitler begründete dies – durchaus realistisch – damit:

„England wünscht nicht ein Frankreich, dessen militärische Faust, vom übrigen Europa ungehemmt, den Schutz einer Politik zu übernehmen vermag, die sich so oder so eines Tages mit englischen Interessen kreuzen muß. England kann niemals ein Frankreich wünschen, das, im Besitz der ungeheuren westeuropäischen Eisen- und Kohlengruben, die Voraussetzung zu einer gefahrdrohenden wirtschaftlichen Weltstellung erhält. Und England kann weiter niemals ein Frankreich wünschen, dessen kontinental-politische Lage dank der Zertrümmerung des übrigen Europas als so gesichert erscheint, daß die Wiederaufnahme der größeren Linie einer französischen Weltpolitik nicht nur ermöglicht, sondern geradezu erzwungen wird. …

Aber auch Italien kann und wird eine weitere Festigung der französischen Vormachtstellung in Europa nicht wünschen. Italiens Zukunft wird immer durch die Entwicklung bedingt sein, die gebietsmäßig sich um das Mittelländische Meerbecken gruppiert. …

Jede weitere kontinentale Stärkung Frankreichs bedeutet jedoch für die Zukunft eine Hemmung Italiens ..."[237]

Dabei ging es Hitler nicht um Volkerverständigung oder -freundschaften, sondern um reine Zweckbündnisse:

„Die Voraussetzung zur Aneinanderkettung von Völkerschicksalen liegt niemals in einer gegenseitigen Hochachtung oder gar Zuneigung begründet, sondern in der Voraussicht einer Zweckmäßigkeit für beide Kontrahenten."[238]

„Völkerschicksale werden fest aneinandergeschmiedet nur durch die Aussicht eines gemeinsamen Erfolges im Sinne gemeinsamer Erwerbungen, Eroberungen, kurz einer beiderseitigen Machterweiterung."[239]

Zudem schwärmte Hitler – vorausgesetzt, ein militärisches Bündnis Deutschlands mit England und Italien käme wirklich zustande – von der Möglichkeit,

„in aller Ruhe diejenigen Vorbereitungen zu treffen, die im Rahmen einer solchen Koalition für eine Abrechnung mit Frankreich so oder so getroffen werden müßten. Denn das Bedeutungsvolle eines derartigen Bundes liegt ja eben darin, daß ... die gegnerische Allianz selbst zerbricht, die Entente, der wir so unendlich viel Unglück zu verdanken haben, sich selbst auflöst und damit der Todfeind unseres Volkes, Frankreich, der Isolierung anheimfällt. Auch wenn dieser Erfolg zunächst nur von moralischer Wirkung wäre, es würde genügen, Deutschland ein ... kaum zu ahnendes Maß von Bewegungsfreiheit zu geben. Denn das Gesetz des Handelns läge in der Hand des neuen europäischen anglo-deutsch-italienischen Bundes und nicht mehr bei Frankreich.
Der weitere Erfolg wäre, daß mit einem Schlage Deutschland aus seiner ungünstigen strategischen Lage befreit würde. Der mäch-

tigste Flankenschutz einerseits, die volle Sicherung unserer Versorgung mit Lebensmitteln und Rohstoffen andererseits wäre die segensreiche Wirkung der neuen Staatenordnung.

Fast noch wichtiger aber würde die Tatsache sein, daß der neue Verband Staaten umschließt von einer sich in mancher Hinsicht fast ergänzenden technischen Leistungsfähigkeit. …

… Die größte Weltmacht der Erde [Großbritannien] und ein jugendlicher Nationalstaat [Italien] würden für einen Kampf in Europa andere Voraussetzungen bieten als die fauligen staatlichen Leichname [Österreich-Ungarn und Türkei], mit denen sich Deutschland im letzten Krieg verbunden hatte."[240]

Da England, dessen „Geneigtheit zu gewinnen", „kein Opfer zu groß" sein sollte[241], zum Leidwesen Hitlers wenig zu einer Zusammenarbeit mit Deutschland geneigt war, blieb als letzte Chance nur noch die Annäherung Deutschlands an Italien, wo vor dem Ersten Weltkrieg angeblich „die allgemeine Stimmung ebensosehr deutschfreundlich, wie sie österreichfeindlich"[242] gewesen war.

„Denn wenn wir mit England uns nicht zu verbünden mögen, weil es uns die Kolonien raubte, mit Italien nicht, weil es Südtirol besitzt, mit Polen und der Tschechoslowakei an sich nicht, dann bliebe außer Frankreich – das uns nebenbei aber doch Elsaß-Lothringen stahl – in Europa niemand übrig."[243]

Da es also nach Hitlers Meinung für eine Zukunft Deutschlands de facto keine Alternative zu einem Bündnis mit Italien gab, reagierte er in „Mein Kampf" wütend auf die „Parlamentarier am Wiener Ballhausplatz oder vor der Münchener Feldherrnhalle", „jenes allerverlogenste Pack", das sich anmaße, „eine nationale Empörung zu mimen"[244]:

„Besonders köstlich ist es …, dabei zu sehen, wie den Wiener Legitimistenkreisen [den Anhängern der gestürzten Habsburger

Dynastie] bei ihrer ... Wiedereroberungsarbeit von Südtirol der Kamm förmlich anschwillt. Vor sieben Jahren hat ihr erhabenes und erlauchtes Herrscherhaus allerdings ... mitgeholfen, daß die Weltkoalition [Entente] als Siegerin auch Südtirol zu gewinnen vermochte. Damals haben diese Kreise die Politik ihrer verräterischen Dynastie unterstützt und sich einen Pfifferling um Südtirol noch um sonst etwas gekümmert. Natürlich, heute ist es einfacher, den Kampf für diese Gebiete aufzunehmen, wird doch dieser jetzt nur mit ‚geistigen‘ Waffen ausgefochten, und es ist doch immerhin leichter, sich in einer ‚Protestversammlung‘ die Kehle heiser zu reden – aus innerer erhabener Entrüstung heraus – und in einem Zeitungsartikel die Finger wund zu schmieren ...“[245]

Es ginge diesen Leuten gar nicht um Südtirol, dem „dadurch nicht geholfen, sondern nur geschadet“ würde, sondern sie griffen dieses Thema auf „aus Angst vor einer etwa möglichen deutsch-italienischen Verständigung“ und würden so „eine Bündnispolitik Deutschlands ... verhindern, die eines Tages zur Wiederauferstehung eines deutschen freien Vaterlandes führen könnte“.[246]

Der von Hitler – „als erstem und in seiner Zeit einzigem unter allen meinungsbildenden Politikern Deutschlands und Österreichs“[247] – ab Herbst 1922 aus den genannten Gründen propagierte Verzicht auf Südtirol brachte ihm und den deutschen Nationalsozialisten scharfe öffentliche Kritik und sogar innerparteilichen Widerspruch ein. Beispielsweise sollte dies 1931 zu einem Redeverbot für Mitglieder der „reichsdeutschen“ NSDAP in Nordtirol führen, da die Haltung ihrer Partei – die auch im Gegensatz zu jener der österreichischen Nationalsozialisten stand – „als glatter Verrat an Südtirol und damit am ganzen Land Tirol zu werten sei“.[248] Im Gegensatz zu Hitler schrieb 1927 Gottfried Feder, einer der frühen Ideologen der NSDAP, in einem Kommentar zum Parteiprogramm eindeutig:

„Wir verzichten auf keinen Deutschen im Sudetenland, in Südtirol, in Polen, in der Völkerbundskolonie Österreich und in den Nachfolgestaaten des alten Österreich."[249]

So ist es zu verstehen, dass Hitler in „Mein Kampf" – basierend auf seiner im Februar 1926 erschienenen Broschüre „Die Südtiroler Frage und das deutsche Bündnisproblem"[250] – ausführlicher auf den Vorwurf der Preisgabe Südtirols einging und aus seiner Sicht klarstellte:

Nicht er und die NSDAP hätten Südtirol verraten, sondern diejenigen, die angeblich direkt oder indirekt mitverschuldet hätten, dass Südtirol an Italien abgetreten werden musste:

„Südtirol hat ‚verraten' erstens jeder Deutsche, der in den Jahren 1914–1918 bei geraden Gliedern nicht irgendwo an der Front stand und seine Dienste seinem Vaterlande zur Verfügung stellte;

zweitens jeder, der in diesen Jahren nicht mitgeholfen hat, die Widerstandsfähigkeit unseres Volkskörpers für die Durchführung des Krieges zu stärken und die Ausdauer unseres Volkes zum Durchhalten dieses Kampfes zu festigen;

drittens Südtirol hat verraten jeder, der am Ausbruch der Novemberrevolution – sei es direkt durch die Tat oder indirekt durch die feige Duldung derselben – mitwirkte und dadurch die Waffe, die allein Südtirol hätte retten können, zerschlagen hat;

und viertens, Südtirol haben verraten alle die Parteien und ihre Anhänger, die ihre Unterschriften unter die Schandverträge von Versailles und St. Germain [wozu es bekanntlich gar keine Alternativen gab] setzten."[251]

Die Folgerung Hitlers daraus ist zwar richtig, doch für ihn – vergleicht man den weiteren Verlauf der deutschen Geschichte bis 1945 – völlig atypisch:

„Heute werde ich nur von der nüchternen Erkenntnis geleitet, daß man verlorene Gebiete nicht durch die Zungenfertigkeit geschliffener parlamentarischer Mäuler zurückgewinnt, sondern durch ein geschliffenes Schwert zu erobern hat, also durch einen blutigen Kampf.

Da allerdings stehe ich nicht an zu erklären, daß ich nun, da die Würfel gefallen sind, eine Wiedergewinnung Südtirols durch Krieg nicht nur für unmöglich halte, sondern auch persönlich in der Überzeugung ablehnen würde, daß für diese Frage nicht die flammende Nationalbegeisterung des gesamten deutschen Volkes in einem Maße zu erreichen wäre, die die Voraussetzung zu einem Siege böte."[252]

Diese Aussage überrascht deshalb, weil es Hitler später, wenn er wollte, durch gezielte Propaganda immer wieder gelang, die Massen für weit riskantere Ziele zu mobilisieren. Auch das anschließend vorgebrachte Argument, Deutschland dürfe „nicht in den Fehler der Vorkriegszeit ... verfallen und sich Gott und die Welt zum Feind ... machen"[253], galt für Hitler bei anderen Projekten nicht, wie der Überfall auf Polen zeigt, der zum Zweiten Weltkrieg führte. Für eine kriegerische Rückgewinnung Südtirols mit seinen nur „zweihunderttausend Deutschen" war Hitler der zu erwartende Blutzoll zu hoch, zumindest gab er dies vor, weil ihm die Rückendeckung Italiens für seine Zwecke wichtiger war.

Dem Regierungsantritt Hitlers 1933 stand Mussolini sehr skeptisch gegenüber, da er ein Übergreifen des aggressiven Nationalsozialismus auf Österreich und damit eine Radikalisierung des Südtirolkonflikts befürchtete. Dies führte zunächst zu einer Annäherung Italiens an Österreich: In den „Römischen Protokollen" vom 17. März 1934 vereinbarten beide Länder unter Einbeziehung Ungarns eine Vertiefung der politischen und wirtschaftlichen Zusammenarbeit.[254]

Nach der Ermordung des österreichischen Bundeskanzlers Engelbert Dollfuß, des Verhandlungspartners Mussolinis und strikten Gegners eines Anschlusses Österreichs an Deutschland, im Rahmen eines nationalsozialistischen Putschversuchs im Juli desselben Jahres sah sich Italien gezwungen, wieder mehr die Nähe zu Frankreich und Großbritannien zu suchen. Im April 1935 lud Mussolini die Regierungschefs dieser beiden Staaten nach Stresa ein und vereinbarte mit ihnen die gemeinsame Abwehr von einseitigen Aufkündigungen von Teilen des Versailler Vertrags durch Deutschland, das ein Monat vorher vertragswidrig die allgemeine Wehrpflicht eingeführt hatte.[255] Schon im Januar 1935 hatte Italien mit Frankreich ein Kolonialabkommen geschlossen, dank dessen Mussolini glaubte, im Oktober desselben Jahres einen Angriff auf Äthiopien riskieren und die Kolonie „Italienisch-Ostafrika" bilden zu können.

Dies hatte aber eine Abkehr der Westmächte von Italien und Sanktionen durch den Völkerbund zur Folge, was eine Annäherung Italiens an Deutschland begünstigte – nicht zuletzt gefördert durch das Engagement beider Länder im Spanischen Bürgerkrieg (1936–1939) zugunsten General Francos und seiner Falange. So kam es nach einer Absprache zwischen Hitler und Mussolini am 25. Oktober 1936 zur Zusammenarbeit zwischen dem nationalsozialistischen Deutschland und dem faschistischen Italien, zur „Achse Berlin–Rom", wie Mussolini formulierte. Im September 1937 bereitete Hitler dem „Duce" in Berlin einen triumphalen Empfang. Dem folgte im Mai 1938 der Staatsbesuch Hitlers in Rom, bei dem dieser während eines Festbanketts im Palazzo Venezia öffentlich „die von der Natur … aufgerichtete Alpengrenze für immer als eine unantastbare" anerkannte.[256]

Unter dem Einfluss der Nationalsozialisten kam es zu einer Radikalisierung des italienischen Faschismus. Infolgedessen verloren im Herbst 1938 auch Italiens Juden – außer den Kriegsveteranen unter ihnen – ihre staatsbürgerlichen Rechte, obwohl Mussolini noch Anfang der dreißiger Jahre beteuert hatte, dass es in Italien keine Rassenprobleme gebe.[257]

1937 trat Italien dem „Antikominternpakt" bei, den das Deutsche Reich und Japan am 25. November 1936 zur gemeinsamen Abwehr der Kommunistischen Internationalen (Komintern) geschlossen hatten. Der Pakt richtete sich also in erster Linie gegen die Sowjetunion und beinhaltete auch ein geheimes Stillhalteabkommen der Bündnispartner im Fall eines Angriffs Russlands auf einen von ihnen und damit implizit – was für Hitler wichtiger war – auch im umgekehrten Fall.[258]

Den von Hitler erzwungenen, keineswegs überraschenden Anschluss Österreichs an das Deutsche Reich im März 1938 nahm Mussolini mit gemischten Gefühlen und trotz Kritik aus den eigenen Reihen als letztlich unvermeidbar hin[259], wohl auch deshalb, weil noch am Tag des Einmarsches der deutschen Truppen in Österreich Hitler ihm in einem Brief versichert hatte:

„Ich ziehe jetzt eine … klare Grenze gegenüber Italien. Es ist der Brenner. Diese Entscheidung wird niemals wieder in Zweifel gezogen noch angetastet werden. Diese Entscheidung habe ich nicht im Jahre 1938 vorgenommen, sondern sofort nach Beendigung des Großen Krieges, und niemals habe ich daraus ein Geheimnis gemacht."[260]

Die neue Situation gab Mussolini zudem kurze Zeit später die Möglichkeit, als „Retter des Friedens" international an Reputation zu gewinnen: In der Sudetenkrise vermittelte er zwischen dem Deutschen Reich und den Westmächten Frankreich und England und brachte Ende September 1938 den Abschluss des „Münchener Abkommens" zuwege.[261]

Nach der Besetzung Albaniens durch italienische Truppen im April 1939 schloss Italien auf Betreiben Hitlers mit dem Deutschen Reich am 22. Mai 1939 einen „Freundschafts- und Bündnisvertrag", den sogenannten „Stahlpakt". Beide Staaten vereinbarten darin nicht nur die Zusammenarbeit auf militärischem und kriegswirtschaftlichem Gebiet, sondern sicherten sich auch gegenseitig im Falle kriegerischer Auseinandersetzungen mit Dritten den vollen militärischen Beistand zu. In der Präambel dazu heißt es, dass die Grenzen beider Länder, also auch die Brennergrenze, „für alle Zeiten" festgelegt seien. Mussolini gab dieser Pakt die Möglichkeit, die Machtstellung Italiens im Mittelmeerraum gegen den Widerstand Großbritanniens weiter auszubauen, und Hitler war er ein willkommenes Druckmittel gegenüber den Westmächten.

Als dann gut drei Monate später der Zweite Weltkrieg ausbrach, zögerte Mussolini, der schon bei Vertragsabschluss erklärt hatte, nicht vor 1942 kriegsbereit zu sein, mit der Einlösung seines Versprechens und erklärte erst am 10. Juni 1940 den Kriegsbeitritt Italiens.[262] Am 27. September 1940 schlossen dann Deutschland, Japan und Italien für zehn Jahre einen „Dreimächtepakt", um „im großostasiatischen Raum" unter der Führung Japans und „in den europäischen Gebieten" unter der Führung Deutschlands und Italiens „eine neue Ordnung der Dinge zu schaffen". Zugleich verpflichteten sich die Bündnispartner, „sich mit allen … Mitteln gegenseitig zu unterstützen", falls einer von ihnen „von einer Macht angegriffen wird, die gegenwärtig nicht in den europäischen Krieg oder in den chinesisch-japanischen Krieg verwickelt ist", womit vor allem die USA gemeint waren. Tatsächlich sollte der Kriegserklärung der USA an Japan am 8. Dezember 1941 drei Tage später jene Deutschlands und Italiens an Amerika folgen.[263]

1941 wurde als „Tornisterschrift des Oberkommandos der Wehrmacht, Abt. Inland" die 4., erweiterte Auflage der autorisierten deutschen Ausgabe von Benito Mussolinis „Der Faschismus (Das faschistische Manifest)" unter dem Titel „Der Geist des Faschismus. Ein Quellenwerk" für den Gebrauch innerhalb der deutschen Wehrmacht herausgebracht. In dem (im Verhältnis zu Hitlers „Mein Kampf" sehr) schmalen Bändchen konnten die deutschen Soldaten lesen, dass auch der Faschismus (wie der Nationalsozialismus) u.a. „gegen den Sozialismus", „gegen den Pazifismus" oder „gegen die demokratischen Ideologien" gerichtet sei. Beigefügten anderen Dokumenten war zudem zu entnehmen, dass beispielsweise „die Bevölkerung des gegenwärtigen Italiens ... arischen Ursprungs, und ihre Kultur ... arisch" sei, „die Juden" aber „nicht zur italienischen Rasse" gehörten usw.

Hitler vergaß seinen italienischen Bundesgenossen auch nicht, als dieser persönlich in Not geriet. Nach Massenstreiks im März 1943 und der Invasion der Alliierten in Italien wurde Mussolini am 25. Juli gestürzt und inhaftiert. Deutsche Fallschirmjäger befreiten ihn daraufhin am 12. September und setzten ihn als Führer der „Repubblica Sociale Italiana" (auch „Republik von Salò") in dem Teil des italienischen Staatsgebietes ein, der von den Deutschen besetzt worden war, nachdem Italien mit den Westmächten einen Waffenstillstand geschlossen und Deutschland den Krieg erklärt hatte.[264]

Da nun das deutsch-italienische Bündnis gescheitert war und Südtirol keinen „Störfaktor" zwischen beiden Staaten mehr darstellte, versuchten „führende Nationalsozialisten wie Goebbels", den Verzicht auf Südtirol rückgängig zu machen[265], doch war es hierzu bereits zu spät.

Die Option der Südtiroler zwischen Italien und Deutschland

Erstmals im Januar 1937 brachte der Reichsminister und spätere Reichsmarschall Hermann Göring in Rom eine Lösung des Südtirolproblems durch Umsiedlung der dortigen deutschsprachigen Bevölkerung ins Gespräch:

> „... wenn die Deutschen in Südtirol ihr Volkstum erhalten wollten, würde ihnen schließlich nichts übrig bleiben, als sich im Reich anzusiedeln."[266]

Dies ging u.a. mit der Meinung von Mussolinis Schwiegersohn und Italiens Außenminister Galeazzo Ciano konform, der in sein Tagebuch schrieb:

> „Man wird den Deutschen andeuten müssen, daß es opportun wäre, diese ihre Leute wieder aufzusaugen, weil Südtirol geographisch ein italienisches Land ist. Und weil man Berge und Flußläufe nicht versetzen kann, ist es nötig, daß man die Menschen versetzt."[267]

So konnten im März 1938 zu diesem Thema bilaterale Sondierungsgespräche beginnen, wobei zunächst noch nicht an eine (sukzessive) Totalumsiedlung, sondern nur an eine Teilumsiedlung von etwa 20.000–40.000 unerwünschten Südtirolern gedacht war. Die größten Schwierigkeiten bereitete dabei die Finanzierung inklusive der Festsetzung des Wechselkurses zwischen Lira und Reichsmark. Weil Italien auf diesem Umweg nicht ein Gebiet kaufen wollte, das ihm nach dem Ersten Weltkrieg gratis zugefallen war, bestand es bezüglich seiner Entschädigungszahlungen auf einer Höchstgrenze von einer Milliarde Lire, was – wäre es zu einer Totalaussiedlung gekommen – allenfalls „1/15 bis 1/20 des geschätzten Vermögens der deutschsprachigen Südtiroler" ausgemacht hätte.[268]

Schließlich trafen Deutschland und Italien am 23 Juni 1939, einen Monat nach dem „Stahlpakt", in Berlin ohne vorherige Anhörung oder gar Mitwirkung der Betroffenen die sogenannte „Optionsvereinbarung", mit welcher der „Störfaktor" Südtirol ein für alle Mal aus der Welt geschafft werden sollte und „die von Hitler im Sinne seiner Raum- und Rassenpolitik intendierten Bevölkerungsabschiebungen" eingeleitet wurde.[269] Vorgesehen war folgender „Dreistufenplan":

> „Phase 1: Umsiedlung der ca. 10.000 Reichsdeutschen (d.h. meist ehemalige Österreicher);

Phase 2: Umsiedlung der ‚nicht bodengebundenen' Volksdeutschen [Arbeiter, Angestellte, Studenten, Pensionisten usw.]; Phase 3: Umsiedlung der ‚bodengebundenen' Volksdeutschen [Bauern]."[270]

Phase 1 sollte bis zum 31. Dezember 1939 beendet sein, unmittelbar darauf Phase 2 im Laufe des Jahres 1940 durchgeführt werden. Die dritte Phase, und damit die gesamte Aktion, sollte am 31. Dezember 1942 abgeschlossen sein.[271]

Konkrete Einzelheiten dieser – im Nazi-Jargon – „volklichen Flurbereinigung", die der italienische Botschafter in Berlin, Bernardo Attolico, als „einen Akt außergewöhnlicher politischer Weisheit" pries und bei der der Reichsführer-SS Heinrich Himmler als „Reichskommissar für die Festigung deutschen Volkstums" federführend war[272], regelte das auf niedrigerer Ebene ausgehandelte Durchführungsabkommen vom 21. Oktober des gleichen Jahres.

Die Idee der Umsiedlung von ethnischen Minderheiten war im Allgemeinen wie für Südtirol im Speziellen nicht neu. Im Gegenzug zur Forderung einer Germanisierung von Welschtirol durch den 1905 gegründeten „Tiroler Volksbund" hatte schon Adriano Colocci-Vespucci, ein enger Mitstreiter des oben genannten Irredentisten Ettore Tolomei, in seinen Publikationen „Per i confini della Patria" (1914) und „L'Alto Adige" (1915) eine „Theorie der Vertreibung" aufgestellt und diese juristisch begründet, indem er das Recht der Nation („diritto di nazionalità") über das Wohnrecht („diritto di residenza"), das nationale Eigentumsrecht („diritto di proprietà") über das private Besitzrecht („diritto di possesso") stellte und dem Staat das „Recht auf Säuberung des Vaterlandes" („diritto di epurare la Patria") einräumte[273], d.h., „die deutschen Verunreinigungen [sic!], welche heute im Gebiet des Alto Adige fast ausschließlich beherrschend sind, auszusiedeln und über den Brenner zurückzujagen"[274].

Dies sollte nun Realität werden. Rund 245.000 stimmberechtigte

Südtiroler waren aufgefordert, sich bis zum 31. Dezember 1939, also binnen weniger Monate, zu entscheiden, ob sie die deutsche Staatsangehörigkeit erwerben und auswandern oder als Italiener in ihrer Heimat bleiben wollten. Die Folge war:

> „Haß und Zwietracht zerriß die Dorf- und Talgemeinschaften, entzweite Eltern und Kinder, jung und alt, Hirt und Herde. Betende wurden zu Fluchenden, Priesterhörige zu Pfaffenlästerern, Freunde zu Feinde, ein Nachbar am anderen zum Brandstifter, Verleumder, Verführer und Zerstörer. Das Weib stand wider den Mann, und der Mann wider sein Weib. Die Söhne erhoben sich wider ihre Väter und trotzten ihnen die Unterschrift zur Auswanderung, zur Preisgabe der Heimat ab. Kinder baten mit aufgehobenen Händen ihren Vater: ‚Geaht ös it! Bleibet! Erhaltet üns die Hoamat' – und der Vater ging hin, verblendet, umnachtet wie Judas, und unterschrieb die Auswanderung."[275]

Nach kurzer Irritation war der „Völkische Kampfring Südtirols" „in Treue, Vertrauen und Gehorsam dem Führer gegenüber" überraschend auf die nationalsozialistische Linie eingeschwenkt und verkündete jetzt entgegen früherer Überzeugung:

> „Das deutsche Volk von Südtirol verläßt die alte Heimat und schlägt zur Rettung und Erhaltung seines deutschen Volkstums im Großdeutschen Reich eine neue Heimat auf, den Ahnen zur Rechtfertigung und der Jugend zur völkischen Verpflichtung."[276]

Eine gewaltige, von den Nazis finanzierte und gesteuerte Propaganda mit „Flugblättern, Hetzschriften und Kettenbriefen" setzte ein, gepaart mit Terror und Gewaltanwendung. Sie richtete sich gezielt gegen die Nichtauswanderungswilligen, bezichtigte diese des Verrats an Deutschland sowie der Angst vor dem Kriegsdienst und heizte die Stimmung derart auf, dass diese Bevölkerungs-

gruppe ihres Besitzes, ja selbst ihres Lebens nicht mehr sicher sein
konnte.

> „Was die Juden im Dritten Reich waren, war jetzt ein Teil der Süd-
> tiroler in den Augen ihrer fanatisierten Landsleute."[277]

Vor allem aber förderte die Auswanderungsbereitschaft der Südtiroler das wohl von den Nazis initiierte Gerücht, die Zurückblei-
benden würden nach Sizilien (wo Mussolini die Latifundien auf-
teilen und privatisieren wollte) bzw. in andere süditalienische Gebiete oder sogar nach Abessinien deportiert.[278] Als sich daraufhin
eine Delegation von „Dableibern" nach Rom aufmachte, um von
Mussolini persönlich hierzu eine Stellungnahme zu bekommen,
wurden sie – nach Intervention von Himmlers Adjutanten Karl
Wolff – zu ihrem Entsetzen (und zur Schadenfreude ihrer Gegner)
vom „Duce" nicht empfangen. Gleichzeitig wurde von italienischer
Seite bekanntgegeben, dass es nach Ablauf der Option „eine Frage
ethnischer Minderheit im Alto Adige nicht mehr" gebe und dass
deshalb „mit der Annahme oder Verweigerung des Staatsbürgerschaft des Dritten Reiches zugleich für jeden Südtiroler auch die
Bestätigung oder Absage seiner Zugehörigkeit zur deutschen Sprache und Kultur verbunden" sei.[279]

So kam es – obwohl sich zwischen 80 und 90 Prozent des Südtiroler Klerus gegen die Option für das (kirchen- und religions-
feindliche) Dritte Reich aussprachen[280] –, dass schließlich eine
überwältigende Mehrheit, nämlich etwa 80 oder gar 86 Prozent
der Stimmberechtigten (also bis zu 210.000 Südtiroler)[281], für die
deutsche Staatsbürgerschaft und damit nolens volens für die dro-
hende Umsiedlung als letztlich kleineres Übel votierte. In Berlin
hieß es dazu nur lakonisch, dass sich Hitler über den Volksentscheid
„gefreut" habe und „Deutschland stolz auf sein Südtiroler Volk" sei.
Schon vorher war von Himmler versprochen worden:

„1.) Es steht fest, daß das Deutsche Reich die aus Südtirol auswandernden deutschen Volksgenossen in einer geschlossenen Landschaft ansiedeln wird.

2.) Bei der Wahl der Landschaft wird keine Entscheidung getroffen werden, ohne daß die Führung der Deutschen in Südtirol Gelegenheit bekommt, alle in Frage stehenden Gebiete bereist und ihre Meinung kundgetan zu haben."[282]

Allerdings mussten als Voraussetzung hierzu erst entsprechende Gebiete wie beispielsweise die Beskiden, ein Gebirgszug in der Grenzregion zwischen Polen und der Tschechoslowakei, die zunächst von Himmler als neue Heimat vorgeschlagen worden waren[283], erobert und die dort Ansässigen verjagt werden, ganz abgesehen davon, dass dort auch Wein- und Obstbau möglich sein sollte, mit dem die Südtiroler besonders vertraut waren. Realistisch, ja prophetisch konterten die „Dableiber":

„Deutschland hat man Euch versprochen – Galizien will man Euch geben. Wohnen sollt Ihr in Hütten, aus denen die polnischen Bewohner vertrieben wurden, arbeiten auf den Höfen, von denen man die Besitzer samt Weib und Kind verjagt hat. ... Wenn ... Deutschland diesen Krieg, der erst begonnen hat, verlieren sollte, und Polen wieder aufgerichtet wird, ... dann werden wir wahrscheinlich von Glück reden müssen, wenn wir mit dem nackten Leben aus dem Land flüchten können und nicht erschlagen werden."[284]

Nachdem sich der Überfall auf Polen allerdings zum Weltkrieg ausgeweitet hatte, forderte Göring, das ganze Umsiedlungsprojekt für die Dauer des Kriegs einzufrieren. Doch ging Himmler auf Wunsch Hitlers darauf nicht ein, um Mussolini nicht zu brüskieren. So lief im Jahre 1940 planmäßig die zweite Phase der Umsiedlungsaktion an. Bis zum Kriegsbeitritt Italiens am 10. Juni verließen rund 50.000 Personen Südtirol. Als aber nun Mussolini mit Gedeih und

Verderb an das Schicksal Hitler-Deutschlands gebunden war, verebbte die Aussiedlung ziemlich schnell: Bis zu ihrer (als vorläufig gedachten) Einstellung 1942 wanderten nur noch etwa weitere 25.000 Südtiroler aus.

Fast drei Viertel aller dieser Emigranten fanden in Nord- bzw. Osttirol (bis zu 29.000) und Vorarlberg (bis zu 11.000) oder in sonstigen Gebieten Österreichs (bis zu 20.000) eine Bleibe, wo für sie hauptsächlich von der gemeinnützigen Wohnungsbaugenossenschaft „Neue Heimat" eigene Siedlungen errichtet wurden. Etwa 13.000 Südtiroler nahm Deutschland (in den Grenzen von 1937) auf; kleinere Umsiedlergruppen gingen nach Luxemburg, in das Budweiser Becken und in die slowenische Untersteiermark, von wo sie aber bei Kriegsende wieder vertrieben wurden.[285] Rund 8000 Südtiroler sollten im Zweiten Weltkrieg für „Großdeutschland" fallen.

Nach Kriegsende entstand das Dilemma, dass die Deutschlandoptanten, die Südtirol noch nicht verlassen hatten, de jure keine Italiener mehr, aber auch keine Deutschen waren und deshalb von Italien als Staatenlose eingestuft wurden. Im „Gruber-De-Gaspari-Abkommen" vom 5. September 1946 verpflichtete sich Italien, diesen Missstand binnen eines Jahres zu beseitigen. Dies führte in bilateralen Verhandlungen zwischen Italien und Österreich zum sogenannten „Optantendekret", das am 5. Februar 1948 in Kraft trat. Demnach mussten die Deutschlandoptanten, die sich zu diesem Zeitpunkt in Italien aufhielten, bis zum 4. Mai des Jahres schriftlich eine Rückoption beantragen, wenn sie die italienische Staatsbürgerschaft wiedererlangen bzw. nicht staatenlos bleiben wollten. Aber auch jene, die bereits ausgewandert waren, konnten sich um die italienische Staatsangehörigkeit bewerben, wozu sie ein Jahr Zeit hatten. Insgesamt wurden auf diese Art und Weise 201.305 Südtiroler wieder „Italiener", was 1949 zwangsläufig auch zu Rücksiedlungsmaßnahmen führte und Hitlers Umsiedlungspolitik in Südtirol gänzlich zum Scheitern brachte.[286]

HITLERS ANTIPATHIE GEGEN DAS HABSBURGERREICH

In Wien entstanden

Wie oben schon erwähnt[287], lebte Adolf Hitler 1908–1913 in Wien. In dieser Zeit, die er die traurigste seines Lebens nannte[288], wurde nicht nur seine Einstellung zum Habsburgerreich geprägt, sondern nach Meinung vieler Biographen darüber hinaus auch seine spätere Ideologie. Deshalb hat Brigitte Hamann diesen Lebensabschnitt Hitlers sogar in einem eigenen Buch thematisiert.[289] Demnach war Hitlers Wien

> „… nicht das künstlerisch-intellektuelle ‚fin de sìecle Vienna‘, also jenes längst zum Klischee erstarrte Wien, das durch Sigmund Freud, Gustav Mahler, Arthur Schnitzler oder Ludwig Wittgenstein repräsentiert wird … Hitlers Wien stellt eher ein Gegenbild zu dieser glanzvollen Kunstmetropole dar. Es ist das Wien der ‚kleinen‘ Leute, die der Wiener Moderne voll Unverständnis gegenüberstanden, sie als ‚entartet‘, zuwenig volksverbunden, zu international, zu ‚jüdisch‘, zu freigeistig ablehnten. Es ist das Wien der Einwanderer, der Zukurzgekommenen, der Männerheimbewohner, oft Menschen voller Ängste, die für alle möglichen obskuren Theorien anfällig waren, vor allem für jene, die ihnen das Gefühl vermittelten, trotz allen Elends in Wahrheit doch eine ‚Elite‘, ‚etwas Besseres‘ zu sein. Dieses ‚Bessere‘ bestand für sie darin, im ‚Rassenbabylon‘ des Vielvölkerstaates dem ‚deutschen Edelvolk‘ anzugehören und eben nicht Slawe oder Jude zu sein.“[290]

Zunächst hatte Hitler noch – zusammen mit seinem Linzer Jugendfreund August („Gustl“) Kubizek – in der kaum mehr als insgesamt

30 qm großen Kleinwohnung der unverheirateten Kleidermacherin Maria Zakreys, einer Tschechin, die – typisch für das „Rassenbabylon" Wien – nur gebrochen Deutsch sprach, im Kellergeschoss des Hinterhauses Stumpergasse 31 im Bezirk Mariahilf in Untermiete wohnen können. Im Vorderhaus befand sich die Bibliothek des St.-Vinzenz-Lesevereins mit mehr als 11.000 Büchern, in der Stumpergasse 13 das Krankenhaus der Barmherzigen Schwestern, die einmal am Tag kostenlos Suppe an Arme abgaben.[291]

In nächster Nähe, nämlich in der Stumpergasse 17, war auch die Redaktion des „Alldeutschen Tagblattes" untergebracht, das bei Kalmus & Co in der Stumpergasse 7 gedruckt wurde, dort auch täglich neu ausgehängt war und deshalb sicherlich von Hitler gelesen wurde. Diese Parteizeitung der „Alldeutschen" setzte sich nicht nur für den Anschluss Deutschösterreichs an das Deutsche Reich sowie die „Volksdeutschen", vor allem in Böhmen, ein, sondern schürte u.a. auch den Antisemitismus und Rassenhass und pflegte den Germanen- und Richard-Wagner-Kult.

Georg Ritter von Schönerer, der Führer der Alldeutschen, erklärte unter der Devise „Volksrecht bricht Staatsrecht!" öffentlich, dass die Dynastie der Habsburger im Interesse des „deutschen Volkes" entbehrlich sei. Hingegen seien die Hohenzollern das wahre Herrschergeschlecht „aller Deutschen". Zudem dürfe ein wahrer Deutscher „weder dem Hause Habsburg noch der katholischen Kirche – den ‚Römlingen' – dienstbar sein. Er müsse vielmehr zur ‚deutschen' Religion zurückkehren, dem Luthertum."[292]

Hitler bekundet in „Mein Kampf" offen seine Bewunderung für die „alldeutsche Bewegung" und ihren Führer Schönerer:

„Als ich nach Wien kam, standen meine Sympathien voll und ganz auf der Seite der alldeutschen Richtung.

Daß man den Mut aufbrachte, im [Wiener] Parlament den Ruf ‚Hoch Hohenzollern' auszustoßen, imponierte mir ebenfalls sehr, wie ich mich freute, daß man sich immer noch als bloß vorübergehend getrennten Bestandteil des Deutschen Reiches betrachtete und keinen Augenblick vergehen ließ, um dies öffentlich zu bekunden, erweckte in mir freudige Zuversicht; daß man in allen das Deutschtum betreffenden Fragen rücksichtslos Farbe bekannte und niemals zu Kompromissen sich herbeiließ, schien mir der einzige noch gangbare Weg zur Rettung unseres Volkes zu sein …

[Es] lag meine persönliche Sympathie zuerst auf seiten des Alldeutschen Schönerer … [Er] schien mir schon damals … als der bessere und gründlichere Denker in prinzipiellen Problemen zu sein. Er hat das zwangsläufige Ende des österreichischen Staates richtiger und klarer erkannt als irgendein anderer. Würde man besonders im Reiche seine Warnungen vor der Habsburgermonarchie besser gehört haben, so wär das Unglück des Weltkrieges Deutschlands gegen ganz Europa nie gekommen."[293]

1939 sollte dann auf Hitlers Geheiß der bisherige Habsburgerplatz in München nach dem Habsburghasser in „Von Schönerer-Platz" umbenannt werden.

Hitler übernahm von Schönerer aber nicht nur ideologische Inhalte, sondern kopierte ihn regelrecht, indem er beispielsweise wie dieser den Titel „Führer" annahm, das Führerprinzip als „germanische" Variante von „Demokratie" und den Gruß „Heil!" einführte. So konnte es geschehen, dass 1942 in der großen Ausstellung im Wiener Messepalast unter dem Titel „Georg Ritter von Schönerer, Künder und Wegbereiter des Großdeutschen Reiches," dieser in einem blasphemischen Vergleich mit Johannes dem Täufer als „Vorläufer" des „neuen Messias" Hitler in Szene gesetzt wurde.[294]

Im November 1908 wechselte Hitler in ein billigeres Quartier (nur noch als „Bettgeher"?), wo er dank des Darlehens einer Tante bis August 1909 bleiben konnte. Dann war auch dieses aufgebraucht, und Hitler musste sich eine neue Bleibe suchen. Dies gelang ihm zwar, doch spätestens nach drei Wochen tauchte er unter, wohl ohne die Miete bezahlt zu haben, und wurde obdachlos. Einige

Jahre später sollte Hitler gegenüber k.k. Behörden klagen: „Zwei Jahre lang hatte ich keine andere Freundin als Sorge und Not, keinen anderen Begleiter als ewigen unstillbaren Hunger." Noch immer trage er „Andenken in Form von Frostbeulen an Fingern, Händen und Füßen".[295]

Zusätzlich zu Teuerung bei Lebensmitteln und wachsender Arbeitslosigkeit waren in Wien in den Jahren vor dem Ersten Weltkrieg aufgrund von Boden- und Bauspekulation auch die Mieten sprunghaft angestiegen. Daher gab es dort im Jahre 1910 mehr als 80.000 so genannte „Bettgeher", die zu festgelegten Tages- oder Nachtzeiten bis zu acht Stunden ein Bett benutzen durften, dann aber die Wohnung wieder zu verlassen hatten. In halb verfallenen Häusern entstanden illegale Massenquartiere, in denen oft 80 und mehr Menschen unter unglaublichen hygienischen Bedingungen und bei einer furchtbaren Ungezieferplage in Drei- oder Vierzimmerwohnungen zusammengepfercht waren. Selbst das stinkende Wiener Kanalsystem war als warmer Schlafplatz begehrt und heiß umkämpft. Dass dort überall auch Brutstätten der Kriminalität entstanden, ist beinahe zwangsläufig.[296]

Dies alles führte zu Protesten der verarmten Bevölkerung und entlud sich im Herbst 1911 in Massenkrawallen, die vom Militär, „ausgerechnet ungarische Kavallerie und bosnische Fußtruppen", blutig niedergeschlagen wurden.[297] Hitler schilderte die damalige gesellschaftliche Situation Wiens in „Mein Kampf" folgendermaßen:

„Dem Heer von hohen Offizieren, Staatsbeamten, Künstlern und Gelehrten stand eine noch größere Armee von Arbeitern gegenüber, dem Reichtum der Aristokratie und des Handels eine blutige Armut. Vor den Palästen der Ringstraße lungerten Tausende von Arbeitslosen, und unter dieser Via triumphalis des alten Österreichs hausten im Zwielicht und Schlamm der Kanäle die Obdachlosen."[298]

Die Armenfürsorge wurde weitgehende von begüterten Privatleuten, darunter traditionell auch viele jüdischer Religion, organisiert und finanziert, sei es im kleinen Kreis oder auch in großen Stiftungen. So entstanden Kinderheime und Waisenhäuser, Tee- und Wärmestuben sowie Suppenküchen. Aristokratinnen inszenierten medienwirksam Wohltätigkeitsveranstaltungen. Selbst die Kaisertochter Erzherzogin Marie Valerie begab sich als Protektorin des Wiener Wärmestuben-Vereins besonders zur Weihnachtszeit persönlich zu ihren Schützlingen.[299] Nicht nur Hitler mokierte sich über „jene ebenso hochnäsige wie manchmal wieder zudringlich taktlose, aber immer gnädige Herablassung gewisser mit dem ‚Volk empfindender‘ Modeweiber in Röcken und Hosen".[300]

> „Schon während meines Wiener Existenzkampfes war mir klar geworden, daß die soziale Tätigkeit nie und nimmer in ebenso lächerlichen wie zwecklosen Wohlfahrtsduseleien ihre Aufgabe zu erblicken hat, als vielmehr in der Beseitigung solcher grundsätzlicher Mängel in der Organisation unseres Wirtschafts- und Kulturlebens …"[301]

Hitler kam daher zu dem Schluss, „dass eine soziale Tätigkeit … vor allem auf Dank überhaupt keinen Anspruch erheben darf, da sie ja nicht Gnaden verteilen, sondern Rechte herstellen soll".[302]
   Die soziale Situation Wiens, das damals mit rund zwei Millionen Einwohnern die sechsgrößte Stadt der Welt (hinter London, New York, Paris, Chicago und Berlin) war[303], verschärfte sich noch durch die Zuwandererströme aus allen Teilen des Habsburgerreiches. Hitler urteilte in „Mein Kampf":

> „Widerwärtig war mir das Rassenkonglomerat, das die Reichshauptstadt zeigte, widerwärtig dieses ganze Völkergemisch von Tschechen, Polen, Ungarn, Ruthenen, Serben und Kroaten usw., zwischen allem … Juden und wieder Juden. Mir erschien die Riesenstadt als die Verkörperung der Blutschande."[304]

Mindestens 30.000 Zuzügler pro Jahr hofften damals in der Hauptstadt und ihren neuen Fabriken Arbeit und Brot zu finden. Erfüllte sich ihr Wunsch nicht oder ging der Arbeitsplatz wegen Krankheit oder Alters verloren, waren sie – wie z.B. auch Hitler – gezwungen, in den Untergrund zu gehen, wollten sie nicht in ihre Heimat abgeschoben zu werden.

In diesem Existenzkampf konnten Reibereien mit der angestammten Wiener Bevölkerung nicht ausbleiben, die nur noch etwa 50 Prozent ausmachte und sich vor „Überfremdung" fürchtete[305]. Fremdenhass keimte auf und führte gemäß der Devise „Wien ist deutsch und muß deutsch bleiben!" beispielsweise zu der Forderung, dass sich Zuwanderer der deutschen Sprache zu bedienen hätten, Einheimische in den sozialen Einrichtungen zu bevorzugen bzw. bestimmte Gruppen wie Ostjuden oder Slawen ganz davon auszuschließen seien. Man machte, wie etwa der alldeutsche Schriftsteller Jörg Lanz von Liebenfels in seiner Broschüre „Rasse und Wohlfahrtspflege, ein Aufruf zum Streik der wahllosen Wohltätigkeit" von 1907, die „Minderrassigen" sogar für (eindeutig durch die widrigen Lebensumstände bedingte) Krankheiten wie Hautkrankheiten und selbst die grassierende Tuberkulose, auch „Wiener Krankheit" genannt, verantwortlich.[306]

Da konnte sich Hitler glücklich preisen, wenn er nach langem Anstehen im erst 1908 eröffneten und dementsprechend begehrten, rund 1000 Menschen fassenden Meidlinger Obdachlosenasyl mit Bade-, Wasch- und Desinfektionsraum – wenn auch immer nur für höchstens eine Woche – Unterschlupf fand. Durch den Verkauf seiner Aquarelle zu etwas Geld gekommen, konnte er dann am 9. Februar 1910 auf Dauer in das sechsstöckige Männerheim der Stadt Wien an der Meldemannstraße im Bezirk Brigittenau einziehen. Diese Einrichtung, damals eine der modernsten ihrer Art in ganz Europa, bot rund 550 Männern, darunter überwiegend deutschsprachige (Hilfs-)Arbeiter mit einem Jahreseinkommen von weniger als 1200 Kronen, in Einzelkabinen (und nicht in den sonst üblichen Schlafsälen) Unterkunft, hatte elektrisches Licht, Zentralheizung, für Selbstversorger sogar Kochnischen sowie etliche Gemeinschaftsräume zur Pflege von Bildung und Geselligkeit. Sie war 1905 vom „Kaiser Franz Joseph I.-Jubiläumsfonds für Volkswohnungen und Wohlfahrtseinrichtungen" finanziert worden, in den neben anderen jüdischen Sponsoren vor allem Baron Nathaniel Rothschild und die Familie Gutmann erhebliche Geldbeträge einzahlten.[307]

Es ist überliefert, dass Hitler in diesem Männerheim mehrere jüdische Freunde fand, die ihn nach besten Kräften unterstützten: so der gelernte Kupferputzer Josef Neumann, der ihm Geld lieh, ja einmal sogar einen Rock schenkte und mit dem er trefflich diskutieren konnte, dann der stets hilfreiche Schlosser Simon Robinson aus Galizien oder Siegfried Löffner aus Mähren, der Hitler tatkräftig half, als dieser von einem Kumpan betrogen wurde. Darüber hinaus waren es hauptsächlich jüdische Händler, die Hitlers Bilder ankauften und vertrieben: Samuel Morgenstern, Jakob Altenberg und ein gewisser Landsberger.[308]

Die am Stadtrand Wiens gelegene Brigittenau war auch Standort vieler neuer Industriebetriebe. Dementsprechend hatte sich die Einwohnerzahl dort zwischen 1890 und 1910 fast verdreifacht; von den 71.500 Bewohnern (im Jahre 1908) waren jedoch nur 17.200 in Wien heimatberechtigt[309]. Der so entstandene Arbeiterbezirk war eine Hochburg der Hitler verhassten Sozialdemokraten. Bedeutende Arbeiterführer waren zu jener Zeit, als Hitler in der Brigittenau wohnte: Dr. Wilhelm Ellenbogen (sozialdemokratischer Reichsratsabgeordneter dieses Bezirks), Dr. Viktor Adler (Führer der cisleithanischen Sozialdemokratie), Friedrich Austerlitz (Chefredakteur der „Arbeiterzeitung") und Anton David (Ottakringer Arbeiterführer und Organisator der großen Teuerungsdemonstration vom Herbst 1911). Obwohl keiner der vier jüdischen Glaubens war, sondern alle christlich getauft und deutschbewusst waren, wurden sie von ihren Gegnern – wie später auch von Hitler in „Mein Kampf" – aufgrund ihrer Vorfahren als „Juden" beschimpft und die Sozialdemokratie als „jüdisches Machwerk" zum Zweck der Entfremdung der deutschen Arbeiter von ihrem „Volkstum" abgestempelt:

„Ich nahm die mir irgend erreichbaren sozialdemokratischen Broschüren und suchte die Namen ihrer Verfasser: Juden. Ich merkte mir die Namen fast aller Führer; es waren zum weitaus größten Teil ebenfalls Angehörige des ‚auserwählten Volkes', mochte es sich dabei um die Vertreter im Reichsrat handeln oder um die Sekretäre der Gewerkschaften, die Vorsitzenden der Organisationen oder die Agitatoren der Straße. Es ergab sich immer das gleiche unheimliche Bild. Die Namen der Austerlitz, David, Adler, Ellenbogen usw. werden mir ewig in Erinnerung bleiben."[310]

Aufgrund der wachsenden Spannungen mit dem Königreich Serbien suchte die Regierung in Wien die Wehrkraft der k.u.k. Armee zu erhöhen. Um die Anzahl der Rekruten schrittweise um 50.000 Mann auf insgesamt 159.900 anheben zu können, setzte sie 1912 ein neues Wehrgesetz durch. Nicht zuletzt weil – im Gegensatz zum Offizierscorps – die Deutschen bei den Mannschaften weit in der Minderheit waren, stimmten die Alldeutschen dagegen und forderten ihre Anhänger und Sympathisanten auf, „dem ‚undeutschen' Staat diesen ‚Blutzoll' zu verweigern"[311]. Diesem Aufruf schloss sich Hitler bereitwillig an und setzte sich im Mai 1913 nach München ab. Denn:

„Der deutschösterreichische Rekrut rückte wohl vielleicht bei einem deutschen Regimente ein, allein das Regiment selber konnte ebensogut in der Herzegowina liegen wie in Wien oder Galizien."[312]

Die Doppelmonarchie und Hitlers Anschuldigungen

Nachdem Österreich während des so genannten „Deutschen Kriegs" gegen Preußen in der Schlacht von Königgrätz (oder Sadowa) in Böhmen am 3. Juli 1866 eine Niederlage erlitten hatte und daraufhin auf eine Mitwirkung an der Neugestaltung Deutschlands hatte verzichten müssen, war die Habsburgermonarchie gezwungen, innenpolitisch seinen bisherigen starren Zentralismus zu lockern und sich mit den Magyaren zu arrangieren.

So kam es bereits 1867 in Wien zu einem Ausgleich mit Ungarn: Das gesamte Habsburgerreich wurde in die beiden selbstständigen Staaten Österreich und Ungarn mit jeweils eigener Verfassung und eigenem Parlament aufgeteilt, wobei die Leitha, ein rechter Donauzufluss, die Grenze bildete. Damit gehörten zu Österreich oder „Cisleithanien" die österreichischen Erblande, Böhmen, Mähren, das südliche Oberschlesien, Galizien-Lodomerien, die Bukowina, Krain, Istrien und Dalmatien, zu Ungarn oder „Transleithanien" außer Ungarn noch Siebenbürgen, das Banat, Kroatien-Slawonien und der Adriahafen Rijeka (Fiume). Beide Staaten hatten aber weiterhin im Rahmen einer konstitutionellen Monarchie ein gemeinsames Oberhaupt und ein gemeinsames Heer und betrieben zusammen eine gemeinsame Außen- und Finanzpolitik. Für die Thronfolge galt nach wie vor das Erstgeburtsrecht gemäß der Pragmatischen Sanktion von 1713.[313] Die „kaiserliche und königliche" (k.u.k.) Doppelmonarchie Österreich-Ungarn war entstanden.

Bereits am 8. Juni 1867 waren als hierfür sichtbares Symbol Kaiser Franz Joseph I. und seine Gemahlin Elisabeth („Sisi") mit der Stephanskrone auch zu König und Königin von Ungarn gekrönt worden, weswegen sie zukünftig in (dem 1872 vereinten) Budapest alljährlich für einige Wochen Residenz hielten, mit allen Konsequenzen bis hin zur Verwendung der ungarischen Sprache und Kleidung.

„Mit der Entwicklung von Budapest zur Großstadt hatte es [Wien] zum ersten Male eine Rivalin erhalten, deren Aufgabe nicht mehr die Zusammenfassung der Gesamtmonarchie war, sondern vielmehr die Stärkung eines Teiles derselben."[314]

Entsprechend der Völkervielfalt und der langen historischen Entwicklung lautete der offizielle Titel Franz Josephs I. nun kompliziert: „von Gottes Gnaden Kaiser von Österreich, König von Ungarn und Böhmen, von Dalmatien, Kroatien, Slavonien, Galizien, Lodomerien und Illyrien; König von Jerusalem etc.; Erzherzog von Österreich; Großherzog von Toskana und Krakau; Herzog von Lothringen, von Salzburg, Steyer, Kärnten, Krain und der Bukowina; Großfürst von Siebenbürgen; Markgraf von Mähren; Herzog von Ober- und Niederschlesien, von Modena, Parma, Piacenca und Guastalla, von Auschwitz und Zator, von Teschen, Friaul, Ragusa und Zara; gefürsteter Graf von Habsburg und Tirol, von Kyburg, Görz und Gradisca; Fürst von Trient und Brixen; Markgraf von Ober- und Nieder-Lausitz und Istrien; Graf von Hohenembs, Feldkirch, Bregenz, Sonnenberg etc; Herr von Triest, von Cattaro und der windischen Mark; Großwojwod der Wojwodschaft Serbien etc. etc."[315]

Während Ungarn nun zufriedengestellt war und nach dem Kroatisch-Ungarischen Ausgleich 1868 einen weitgehend magyarisierten, straff organisierten Staat mit stabiler Regierungsmehrheit bildete, wurde das vielfach zersplitterte, polyglotte Cisleithanien nicht nur politisch immer instabiler. Denn der Österreichisch-Ungarische Ausgleich barg dadurch, dass er „das Prinzip des Nationalismus (das sich damals von einem Konzept der Befreiung zu einem der Beherrschung entwickelte) in das politische System eines Staates" inkorporiert hatte[316], weiteren Zündstoff für den Vielvölkerstaat in sich und wirkte sich katastrophal auf dessen Bestand aus.

Die Tschechen, die zusammen mit Mährer und Slowaken in Cisleithanien die zweitgrößte Volksgruppe (mit fast 6.5 Millionen

Menschen im Jahr 1910) darstellten, waren tief enttäuscht darüber, dass die Länder der Wenzelskrone keinen ähnlich autonomen Status wie Ungarn eingeräumt bekamen, und kämpften nun vehement gegen den Zentralismus und die Hegemonie der fast zehn Millionen Deutschösterreicher an, welche die politische Leitung wie selbstverständlich für sich allein beanspruchten. Ein daraufhin von Ministerpräsident Karl Sigmund Graf von Hohenwart erarbeiteter Plan zur Föderalisierung des Landes und Gleichstellung der Tschechen scheiterte 1871 aber am Widerstand der Deutschliberalen und Ungarns.

Auf Druck der Polen hin wurde diesen 1868 in Galizien ihre Muttersprache als Amtssprache eingeräumt. Bereits ein Jahr zuvor hatte die Religionsgemeinschaft der Juden in Österreich-Ungarn die volle Staatsbürgerschaft erlangt. Unter Ministerpräsident Eduard Graf von Taaffe, einem Jugendgefährten Kaiser Franz Josefs, wurde dann auch in den Behörden Böhmens und Mährens (1880) sowie Sloweniens und Schlesiens (1882) die Doppelsprachigkeit eingeführt. Ebenfalls im Jahre 1882 erhielt Prag eine eigene tschechische Universität. Dennoch gab es keine Befriedung, im Gegenteil, die Parteienlandschaft nationalisierte und radikalisierte sich zusehends: In Böhmen gewannen die „Jungtschechen" immer mehr Wähler, in Deutschösterreich die Deutschnationalen/Alldeutschen. Selbst die Sozialdemokraten sollten sich 1911 in eine deutsche und eine tschechische Partei spalten. Und Ungarn forderte die Abschaffung der deutschen Kommandosprache in den ungarischen Regimentern.[317]

Außenpolitisch war das Habsburgerreich seit dem Berliner Kongress 1878, bei dem ihm das Recht zur Besetzung der bislang türkischen Provinzen Bosnien und Herzegowina eingeräumt worden war, bzw. seit dem Abkommen mit der Türkei bezüglich einer Okkupation des Sandschak Novi Pazar 1879 mit dem russischen Panslawismus konfrontiert. Da sich Russland als Haupt und Schutzmacht der Slawen auch auf dem Balkan fühlte, geriet Österreich-

Ungarn damit zwangsläufig in Konflikt mit dem Zarenreich. Dieser verschärfte sich, als die Habsburgermonarchie 1908 Bosnien und Herzegowina tatsächlich annektierte, was auch das Königreich Serbien auf den Plan rief, das, von Russland unterstützt, auf die Abtrennung der südslawischen Gebiete von der Donaumonarchie hinarbeitete. Serbien war indirekt auch für die Ermordung des österreichischen Thronfolgers Franz Ferdinand (geb. 1863) und seiner Gemahlin durch südslawische Nationalisten in Sarajevo am 28. Juni 1914 verantwortlich.

Richtig beurteilte Hitler in „Mein Kampf" die damalige Situation im Habsburgerreich:

„Nicht nur in Ungarn, sondern auch in den einzelnen slawischen Provinzen fühlte man sich mit der gemeinsamen Monarchie so wenig mehr identisch, daß ihre Schwäche keineswegs als eigene Schande empfunden wurde. Man freute sich eher noch über solche Anzeichen des eintretenden Alters; hoffte man doch mehr auf ihren Tod als auf ihre Gesundung."[318]

Es schien sich gerächt zu haben, dass Kaiser und Thronfolger entgegen den Empfehlungen von Generalstabschef Franz Conrad von Hötzendorf (ab 1906) keinen Präventivkrieg gegen Serbien geführt, sondern vernünftigerweise weiter auf eine Friedenspolitik gesetzt hatten. Dennoch hatte gerade Erzherzog Franz Ferdinand „irrtümlicherweise in der Öffentlichkeit als Verfechter einer aggressiven, gegen Serbien gerichteten Politik" gegolten und so „den Haß der antihabsburgischen südslawischen Nationalisten" auf sich gezogen.[319]

War er also den Serben zu deutschfreundlich, so den Deutschösterreichern zu slawenfreundlich:

„Besonders seit die Thronfolgerschaft dem Erzherzog Franz Ferdinand einen gewissen Einfluß einzuräumen begann, kam in die von oben herunter betriebene Tschechisierung Plan und Ordnung. Mit allen nur möglichen Mitteln versuchte dieser zukünftige Herrscher der Doppelmonarchie der Entdeutschung Vorschub zu leisten oder sie selber zu fördern, mindestens aber zu decken."[320]

Dabei übersah Hitler geflissentlich, dass die Habsburger aufgrund des im 19. Jahrhundert erwachenden und stetig anwachsenden Nationalismus gar keine andere Wahl hatten, als den einzelnen Völkerschaften Zugeständnisse (beispielsweise beim Gebrauch ihrer Muttersprache oder beim Wahlrecht) zu machen, wollten sie ihr riesiges Reich zusammenhalten. Denn es gärte ganz erheblich in der Donaumonarchie:

„Am gefährlichsten entwickelten sich die Krawalle zwischen Deutschen und Tschechen in Prag, eine Folge der nationalen Streitereien im Jubiläumsjahr [60-jähriges Regierungsjubiläum des Kaisers 1908]. ...
Die Prager Unruhen ... griffen auf andere Städte, so Brünn, Teplitz, Olmütz, über und drohten in offenen Aufruhr umzuschlagen. Barrikaden wurden gebaut, deutsche Geschäfte demoliert, die Polizei mit Steinen attackiert. ... Schwarzgelbe Fahnen [Cisleithaniens] wurden unter den Rufen ‚Nieder mit Österreich!' und ‚Hoch Serbien!' zerrissen und in die Moldau geworfen."[321]

Hitlers Vorwurf einer „von oben herunter betriebenen Tschechisierung" gegenüber Franz Ferdinand konnte sich konkret eigentlich nur darauf stützen, dass dieser seit 1900 mit der tschechischen Gräfin Sophie Chotek verheiratet war, wobei sich der monarchie- und aristokratiefeindliche Hitler groteskerweise auch daran stieß, dass diese Ehe morganatisch, also nicht standesgemäß war.

Völlig aus der Luft gegriffen ist die mehrmals in „Mein Kampf" geäußerte Unterstellung Hitlers: „Der leitende Gedanke dieses neuen Habsburgers", des „tödlichsten Feindes des österreichischen

Deutschtums", sei es gewesen, „in Mitteleuropa allmählich einen slawischen Staat aufzurichten".[322] Zum einen stellten die Deutschösterreicher tatsächlich nur eine Minderheit in der Donaumonarchie dar[323], zum andern „distanzierte sich der konservativ, klerikal und antidemokratisch gesinnte Thronfolger zunehmend" von „weitreichenden föderalistischen Umbauplänen", was einer anachronistischen Zementierung der deutschen Vorherrschaft gleichkam:

> „Für seine Thronbesteigung beabsichtigte Franz Ferdinand, die bindenden Kräfte der Monarchie (Krone, Wiener Zentralregierung und Heer) zu stärken sowie die Autonomie Ungarns durch eine Revision des 1867er-Ausgleichs zu beschränken."[324]

Demgegenüber hielt sein Onkel, der Habsburgerkaiser Franz Joseph I. (reg. 1848–1916), am Dualismus Österreich – Ungarn unbeirrt fest. In den für das Gesamtreich gefährlichen Nationalitätenkämpfen war dieser immer mehr zur Integrationsfigur geworden:

> „Durch viele politische Fehlentscheidungen vorsichtig geworden, durch Familientragödien geprüft (Erschießung seines Bruders Maximilian 1867 in Mexiko, Selbstmord des einzigen Sohnes Rudolf 1889 und 1898 Ermordung seiner Gemahlin Elisabeth) zog sich Franz Joseph persönlich immer mehr hinter sein Amt zurück, bis er zu einem Symbol der Krone und damit des Reiches wurde und als Garant für Gerechtigkeit angesehen wurde."[325].

Daher konnte es in der Habsburgermonarchie zu der allgemeinen Stimmung kommen, die auch Hitler in „Mein Kampf" beschreibt:

> „Der ganze Staat stand in den letzten Jahren schon so sehr auf den beiden Augen Franz Josephs, daß der Tod dieser uralten Verkörperung des Reiches in dem Gefühl der breiten Masse von vornherein als Tod des Reiches selber galt."[326]

Hitler baute darauf gleich wieder eine Verschwörungstheorie auf und sah in dieser „Schmeichelei", die „den wirklichen Verdiensten dieses Kaisers am wenigsten entsprach", eine der „schlauesten Künste ... slawischer Politik", damit die Situation „um so katastrophaler" würde, „wenn eines Tages auch hier das Schicksal an die Türe pochte" und der Kaiser stürbe.[327]

Generell ist festzustellen, dass der historisch unaufhaltsame Zerfall des Habsburger Vielvölkerstaates von Hitler – gemäß dem Motto, dass nicht sein kann, was nicht sein darf, – voll dem Herrscherhaus angelastet wurde, so wie von ihm immer für missliebige Entwicklungen ein Sündenbock gesucht wurde, man vergleiche nur die Anschuldigungen gegen die Juden. Denn, so ist in „Mein Kampf" zu lesen:

> „Das alte Österreich war mehr als ein anderer Staat gebunden an die Größe seiner Leitung. Hier fehlte ja das Fundament des Nationalstaates, der in der völkischen Grundlage immer noch eine Kraft der Erhaltung besitzt, wenn die Führung als solche auch noch so sehr versagt [sic]. ...
> Anders aber ist dies bei einem Reiche, das, aus nicht gleichen Völkern zusammengesetzt, nicht durch das gemeinsame Blut als vielmehr durch eine gemeinsame Faust gehalten wird."[328]

Da aber die Habsburger keine „überragenden Gewaltmenschen" gewesen seien, habe der „eigene Lebensdrang der verschiedenen Stämme" wieder erwachen können.[329] Tatsächlich aber war es so, dass die Habsburgermonarchie „die einzig mögliche Form für den Zusammenhalt von acht Nationen an Europas gefährlichster Grenze" gewesen war.[330]

In „Mein Kampf" vertrat Hitler zudem die griffige wie unsinnige Theorie, die Habsburger hätten „in Vergangenheit und Gegenwart die Belange des deutschen Volkes immer und immer wieder um schmählicher eigener Vorteile wegen" verraten.[331] Dabei konnte er allerdings nicht umhin, die Bemühungen Kaiser Josephs II. (reg. 1764–1790) um eine „Germanisation" des Habsburgerreiches[332] (gemeint ist sein Bestreben, Deutsch als Verwaltungssprache einzuführen[333]) und die Bündnispolitik Kaiser Franz Josephs I. mit seiner Annäherung an das Deutsche Reich[334] (so genannter „Zweibund", eine Defensivallianz beider Kaiserreiche von 1879) zu erwähnen, was er aber natürlich sofort wieder in ein negatives Licht rücken musste.

Denn Hitler war angeblich „schon in der frühesten Jugend", in Wahrheit aber erst bei dem für ihn widrigen Wien-Aufenthalt zu der „Einsicht" gelangt: „daß vor allem das habsburgische Erzhaus zum Unglück der deutschen Nation bestimmt war", mit der persönlichen Konsequenz: „heiße Liebe zu meiner deutschösterreichischen Heimat, tiefer Haß gegen den österreichischen Staat".[335] Ein Ergebnis davon war, dass Hitler 1938 als „Führer des Großdeutschen Reiches" die „zu Wien bewahrten Kaiserinsignien einstiger Reichsherrlichkeit"[336] (u.a. Kaiserkrone, Reichskreuz, -apfel, -schwert und Heilige Lanze) nach Nürnberg, in die Stadt der Reichsparteitage, entführen ließ.

HITLERS SYMPATHIE FÜR PREUSSEN

In der Schule eingeimpft

Von seinem Lieblingslehrer Dr. Leopold Poetsch[337], der ihn 1901–1904 an der Linzer Realschule drei Jahre in Geographie und zwei in Geschichte unterrichtete, schwärmt Hitler in „Mein Kampf":

> „Noch heute erinnere ich mich mit leiser Rührung an den grauen Mann, der uns im Feuer seiner Darstellung manchmal die Gegenwart vergessen ließ, uns zurückzauberte in vergangene Zeiten und aus dem Nebelschleier der Jahrtausende die trockene geschichtliche Erinnerung zur lebendigen Wirklichkeit formte. Wir saßen dann da, oft zu heller Glut begeistert, mitunter sogar zu Tränen gerührt."[338]

Mögen die Fähigkeiten dieses Pädagogen auch noch so löblich gewesen sein, so war es doch Poetsch, der in Vorträgen und wohl auch im Unterricht „stark die germanische Zeit und die frühe deutsche Kaiserzeit, also die Zeit vor den Habsburgern", und das „nationale Erwachen" der Deutschen bis zu ihren „herrlichen … Siegen in den Jahren 1870/71" herausarbeitete[339], dabei „öfter als einmal an das [deutsch-]nationale Ehrgefühl appellierend"[340].

Obwohl in der Donaumonarchie verboten, veranstalteten die Schüler heimlich „Sedanfeiern", in denen alljährlich des preußischen Siegs über Frankreich am 2. September 1870 freudig gedacht wurde, nicht ohne das preußisch-deutsche Kampflied „Die Wacht am Rhein" anzustimmen.[341] Die alldeutsch gesinnten Schüler sangen „trotz Verwarnung und Strafen" auch „statt des Kaiserliedes lieber ‚Deutschland über alles'"[342] und provozierten habsburgtreue Lehrer, indem sie – wie beispielsweise auch von Hitler überliefert[343] – Bleistifte in den großdeutschen Farben Schwarz, Rot und Gold auf die Bank legten und so das (in Österreich-Ungarn als Hochverrat geltende) nationalistische Ziel des Anschlusses Deutschösterreichs an das Deutsche Kaiserreich propagierten. Daher ist es nicht weiter verwunderlich, wenn Hitler über seine Schulzeit resümierte: „In kurzer Zeit war ich zum fanatischen ‚Deutschnationalen' geworden".

Derart verblendet, schätzte Hitler Preußen und dessen Hohenzollern- Herrscherhaus mehr als die Donaumonarchie der Habsburger, in der er aufgewachsen war, ja sah in Preußenkönig Friedrich dem Großen den „Helden von Sanssouci"[344], obwohl dieser im Siebenjährigen Krieg (1756–1763) Österreich de facto um seine jahrhundertelange Vorrangstellung im Deutschen Reich gebracht hatte.

Der damit einsetzende Dualismus zwischen beiden deutschen Großmächten währte dann bis in das 19. Jahrhundert hinein und war erst 1866 mit dem klaren Sieg Preußens, das sich kurz zuvor mit Italien verbündet hatte, über Österreich bei Königgrätz 1866 beendet. Die preußische Armee hatte sich dabei – dank einer umfassenden, zunächst ohne die notwendige Zustimmung des Abgeordnetenhauses durchgesetzten Heeresreform – auf modernste Waffen und die neuesten technischen Errungenschaften, wie Eisenbahn und Telegraphie, stützen können und war so den völlig veraltet strukturierten und schlecht ausgerüsteten österreichischen Truppen weit überlegen.[345]

Der hierfür maßgebliche Chef des preußischen Generalstabs, Helmuth Graf von Moltke, bekannte später:

> „Der Krieg von 1866 ist nicht aus Notwehr gegen die Bedrohung der eigenen Existenz entsprungen, auch nicht hervorgerufen durch die öffentliche Meinung und die Stimme des Volkes, sondern er war ein im Kabinett als notwendig erkannter, längst beabsichtigter und ruhig vorbereiteter Kampf."[346]

Die Folge dieser also vom preußischen Ministerpräsidenten Otto von Bismarck (seit 1862) vorsätzlich mit Waffengewalt herbeigeführten Entscheidung war, dass der bisherige Deutsche Bund aufgelöst, Österreich aus Deutschland ausgeschlossen (und dadurch schwer gedemütigt) und der Norddeutsche Bund, ein Bundesstaat aus 22 Mittel- und Kleinstaaten nördlich der Mainlinie, unter der Führung Preußens errichtet wurde. Dieser Norddeutsche Bund bildete in der nicht mehr aufzuhaltenden Entwicklung Deutschlands zu einem geschlossenen Nationalstaat eine Zwischenstufe, die von den europäischen Großmächten, vor allem aber von Frankreich, gerade noch akzeptiert wurde.[347] Bismarck, der Deutschland „von oben" einigen wollte, hatte gemäß seiner Devise gehandelt, dass „die Politik eine Kunst des Möglichen" sei[348].

Die Aussage Hitlers ist also zutreffend:
„Die deutsche Kaiserkrone wurde in Wahrheit auf dem Schlachtfelde von Königgrätz geholt und nicht in den Kämpfen vor Paris, wie man nachträglich meinte."[349]

Und damit ist der Schlüssel gefunden zur zunächst völlig unverständlichen Sympathie gegenüber Preußen, ja zur Verherrlichung desselben durch nicht wenige Deutschösterreicher, darunter auch Hitler, der den Sieg Preußens über Österreich bei Königgrätz folgendermaßen einschätzte:

„Denn man täusche sich nicht: der wahrhaft deutschgesinnte Österreicher hatte auch in Königgrätz von diesen Stunden an nur mehr die ebenso tragische wie aber auch notwendige Voraussetzung erkannt zur Wiederaufrichtung eines Reiches, das nicht mehr mit dem fauligen Marasmus [Altersabbau] des alten [Deutschen] Bundes behaftet sein sollte … Er lernte … am eigenen Leibe zu fühlen, daß das Haus Habsburg seine geschichtliche Sendung endlich beendet hatte und das neue Reich nur mehr den zum Kaiser küren dürfe, der in seiner heldischen Gesinnung der ‚Krone des Rheines‘ ein würdiges Haupt zu bieten habe." [350]

Preußen als „Kristallisationskern eines neuen Reiches"

In Frankreich empfand man die Niederlage Österreichs gegenüber Preußen wie eine eigene. Zudem brachten diese schnelle militärische Entscheidung zugunsten Preußens und der auf Drängen Bismarcks, der einen Zweifrontenkrieg befürchtete, rasch erfolgte Friedensvertrag[351] – der deshalb „generöseste Frieden, der vielleicht jemals zwischen Siegern und Besiegten geschlossen worden ist", und dessen Durchsetzung Bismarck harte Auseinandersetzungen mit seinem König gekostet hatte[352] – Frankreich um die lukrative Vermittlerrolle, als deren Preis man sich dort linksrheinische Gebiete bzw. das Großherzogtum Luxemburg erhofft hatte. Die Folge war, dass Frankreich nun ein Bündnis mit Österreich (und auch Italien) anstrebte – das aber aufgrund des gegenseitigen Misstrauens nicht zustande kam[353] –, um Preußen und den von ihm dominierten Norddeutschen Bund besser in Schach halten zu können.

Die Spannungen zwischen Frankreich und Preußen verschärften sich weiter, als der katholischen Linie Hohenzollern-Sigmaringen 1869/70 die spanische Königskrone angetragen wurde und Bismarck deren Annahme durch Erbprinz Leopold durchsetzte. Obwohl dieser schnell wieder auf die Thronkandidatur verzichtete, um eine Eskalation zu verhindern, forderte Kaiser Napoleon III. von König Wilhelm I. eine Garantie, dass das Haus Hohenzollern auch in Zukunft nie die spanische Königsherrschaft übernehmen werde.[354]

Der preußische König, der damals in Bad Ems weilte, wollte sich aber gegenüber dem ihn dort aufsuchenden und bedrängenden französischen Botschafter Vincent Graf Benedetti nicht festlegen und ließ am 13. Juli 1870 Kanzler Bismarck telegraphisch von diesen Vorgängen unterrichten. Diese so genannte „Emser Depesche" veröffentlichte Bismarck nun in stark verkürzter Form und stellte damit Frankreich bewusst vor aller Welt als machtgierig und aggressiv bloß. Durch diese Brüskierung wurde die Angelegenheit zu einer nationalen Frage und die Stimmung derart aufgeheizt, dass die französische Regierung sich gezwungen sah, Preußen und damit dem Norddeutschen Bund am 19. Juli 1870 den Krieg zu erklären.

Da Bismarck aber wohlweislich schon 1866 mit den süddeutschen Ländern geheime Schutz- und Trutzbündnisse im Fall einer militärischen Auseinandersetzung mit Frankreich geschlossen hatte, wurde daraus ein Krieg Frankreichs gegen Deutschland unter preußischem Oberkommando. Bismarck kam diese Kriegserklärung äußerst gelegen: Einerseits war Frankreich durch sein einseitiges Vorgehen international isoliert und konnte auf keine auswärtigen Helfer hoffen, andererseits wurde Deutschland so durch ein bisher nicht gekanntes nationales Solidaritätsgefühl zusammengeschweißt. Die Gelegenheit zu einer deutschen Einigung unter Preußens Führung war günstig wie nie zuvor.

Der Deutsch-Französische Krieg verlief in zwei Phasen: Die erste endete nach verlustreichen Kämpfen am 2. September 1870 mit der Kapitulation der Hauptmacht der französischen Armee und der Gefangennahme Napoleons III. bei Sedan, die zweite – nach der Belagerung und Beschießung des inzwischen republikanisch gewordenen Paris – mit dem Waffenstillstand vom 28. Januar 1871 bzw. dem Vorfrieden vom 26. Februar 1871 in Versailles. Schließlich musste Frankreich im Friedensvertrag von Frankfurt am Main vom 10. Mai 1871 Elsass-Lothringen abtreten und fünf Milliarden Francs an Kriegsentschädigung zahlen.

Dieser Krieg hatte aber auch innerdeutsche Folgen: Aus der nationalen Solidarität war nationaler Patriotismus erwachsen. Hitler begeistert:

„Zum ersten Male in der neueren deutschen Geschichte schied sich der landläufige dynastische Patriotismus von nationaler Vaterlands- und Volksliebe."[355]

Und – vor allem ein Selbstzeugnis:

„Das deutsche Volk der alten Ostmark aber wurde von dem Siegesrausche des Reiches mitgerissen und sah mit tiefer Ergriffenheit das Wiederauferstehen des Traumes der Väter zur herrlichsten Wirklichkeit."[356]

Deshalb hatte Bismarck noch während der Kampfhandlungen Kontakte mit den einzelnen Südstaaten wegen eines Beitritts zum Norddeutschen Bund aufgenommen, aus dem so das (Klein-)Deutsche Reich (ohne Österreich) entstehen sollte, das immerhin ein Sechstel der deutschen Nation, also über zehn Millionen Deutschsprachige[357], ausgrenzte. Der 1872 verstorbene österreichische Dichter Franz Grillparzer bemerkte daher bitter: „Ihr glaubt, ihr habt ein Reich geboren, und habt doch nur ein Volk zerstört."[358]

Es folgten zähe und nicht ohne massiven Druck geführte Verhandlungen, in denen Bismarck Bayern und Württemberg (aus preußischer Sicht) erhebliche Zugeständnisse (wie die Militärhoheit in Friedenszeiten oder eine eigene Post- und Eisenbahnverwaltung) machen musste.[359] Hitler bewunderte das hierbei rigorose Vorgehen Preußens:

„Die von den Einzelstaaten zur Ermöglichung der Reichsbildung abgetretenen Hoheitsrechte wurden nur zum kleinsten Teil aus eigenem Willen aufgegeben, zum größten Teil waren sie praktisch entweder ohnehin nicht vorhanden, oder sie waren unter dem Druck der preußischen Übermacht einfach genommen worden."[360]

Schließlich fand sich der bayerische König Ludwig II. – auch durch eine für seine kostspieligen Bauvorhaben in Aussicht gestellte erhebliche Geldsumme (insgesamt sollten gut fünf Millionen Goldmark fließen) – bereit, den von Bismarck vorformulierten Antrag an den Preußenkönig zu richten, die Kaiserkrone aus der Hand der deutschen Fürsten entgegenzunehmen.[361]

Allerdings war Wilhelm I. gar nicht so erpicht, auf sein historisch gewachsenes preußisches Königtum „von Gottes Gnaden" zu verzichten und dafür aus Menschenhand den Titel „Deutscher Kaiser" zu erhalten. So war von Bismarck erneut viel Überzeugungsarbeit zu leisten, um endgültig an das Ziel, die Gründung des zweiten Deutschen Reiches, zu gelangen. Am 18. Januar 1871 konnte dann schließlich im Spiegelsaal von Schloss Versailles bei Paris die Kaiserproklamation erfolgen – hauptsächlich im Beisein von Fürsten und Generälen. Es gab allerdings keine Kaiserkrone und damit auch keine Krönung.[362]

Mit der Wiederaufnahme des Kaisertitels hatte Bismarck auch den nationalen Gefühlen des Bürgertums entsprochen, das mehrheitlich die deutsche Einheit mit dem Kaisertum verband und dem die neue Reichsverfassung mit dem aus allgemeinen und gleichen Wahlen hervorgegangenen Reichstag (trotz seiner geringen Befugnisse) als ein wesentlicher Fortschritt im Vergleich zur bisherigen Situation im Deutschen Bund erschien.[363]

> „Kaiser und Reich' – das waren Begriffe, die die Herzen höher schlagen ließen; und zugleich schlugen sie viele Fliegen auf eine Klappe. Es waren ja die alten Forderungen der Frankfurter Nationalversammlung von 1848 … Auch … sah Bismarck streng darauf, daß die Kaiserkrone seinem König von seinen Mitfürsten angetragen wurde … So befriedigten ‚Kaiser und Reich' sowohl die Demokraten wie die Fürsten … Das neue, prosaische und etwas widersprüchliche Staatsgebilde bekam eine Aura großartiger tausendjähriger Vergangenheit, es präsentierte sich als die Wie-

derauferstehung des sagenumwobenen Reichs der Sachsen- und Stauferkaiser ... Genial – aber zugleich paradox!"[364]

Nicht nur weil Preußen die treibende Kraft bei der Gründung des zweiten Deutschen Reiches gewesen und die preußische zur deutschen Regierungsspitze geworden war (der preußische König zum deutschen Kaiser, der preußische Kanzler zum Reichskanzler), sondern auch weil in diesem (klein-)deutschen Reich Preußen – im Vergleich zu den anderen Bundesmitgliedern – gebiets- und bevölkerungsmäßig das Übergewicht hatte und somit tonangebend war, hat man auch von einer „Verpreußung" Deutschlands gesprochen. Es begannen nun militärische Tugenden solche des zivilen Bereichs zu dominieren, „die Normen [setzte] der monokeltragende Rittmeister der preußischen Garde"[365]. Auch sollte es schnell zum „Kulturkampf" zwischen der protestantischen Regierungsriege und der katholischen Kirche kommen.[366]

Hitler zählte zu den drei „bleibenden Früchten" der deutschen Geschichte bezeichnenderweise:

„1. die hauptsächlich von Bajuwaren betätigte Kolonisation der Ostmark;
2. die Erwerbung und Durchdringung des Gebiets östlich der Elbe und
3. die von den Hohenzollern betätigte Organisation des brandenburgisch-preußischen Staates als Vorbild und Kristallisationskern eines neuen Reiches."[367]

Letzteres erläuterte Hitler folgendermaßen näher:

„Der dritte große Erfolg unserer politischen Tätigkeit liegt in der Bildung des preußischen Staates und der durch ihn herbeigeführten Züchtung eines besonderen Staatsgedankens sowie des der modernen Welt angepaßten, in organisierte Form gebrachten Selbsterhaltungs- und Selbstverteidigungstriebes des deutschen Heeres. Die Umstellung des Wehrgedankens des einzelnen zur Wehrpflicht der Nation ist diesem Staatsgebilde und seiner neuen Staatsauffassung entsprossen. … Gerade das durch seine blutsmäßige Zerrissenheit überindividualistisch zerfetzte deutsche Volk erhielt auf dem Wege der Disziplinierung durch den preußischen Heeresorganismus wenigstens einen Teil der ihm längst abhanden gekommenen Organisationsfähigkeit zurück."[368]

Was Hitler also zum Bewunderer Preußens werden ließ, sind die durch die „Hegemonie *eines* Staates …, Preußens,"[369] mit allen nur möglichen (Druck-)Mitteln erzwungene Reichsbildung, in deren Tradition er dann – in seinen Augen wohl als „zweiter", aber noch „besserer" Bismarck – das Dritte Reich gründen wird, und die nach Preußens Vorbild erfolgte Militarisierung und Disziplinierung Deutschlands und der Deutschen. Nicht das Wohl des einzelnen Bürgers und der staatlichen Gemeinschaft oder die friedliche Koexistenz mit den Nachbarländern lagen Hitler am Herzen, sondern die Schaffung eines unbedingt gehorsamen, waffentrainierten Volkes als schlagkräftiges Potential, als blindes, menschenunwürdiges Werkzeug, mit dem er andere Völker und „Rassen" unterdrücken konnte.

Aus dieser Bewunderung für Preußen heraus resultierte die Inszenierung des „Tags von Potsdam" am 21. März 1933, als durch die Machtübernahme Hitlers und seiner Nationalsozialisten das Dritte Reich über Deutschland hereinbrach und die junge Demokratie in den Boden stampfte. Durch die feierliche Eröffnung des neuen Reichstags in der Begräbniskirche Friedrichs des Großen im Beisein des (immerhin demokratisch gewählten!) Reichspräsidenten Paul von Hindenburg in der Uniform des einstigen kaiserlichen Generalfeldmarschalls und von Abordnungen mit den Traditionsfahnen der alten kaiserlichen Regimenter stellte sich Hitler demonstrativ und für die ganze Welt sichtbar in die Tradition des alten Preußen und des Bismarck-Reiches. Das Dritte Reich sollte aber kein kleindeutsches mehr sein, wie noch unter Bismarck, sondern ein großdeutsches, unter Einschluss Deutschösterreichs und sogar der „Volkdeutschen".

Von Otto von Bismarck glaubte sich Hitler sogar in seiner ungewöhnlichen anti-alldeutschen Einstellung zur Südtirol-Frage[370] bestärkt, da „derselbe Herr von Bismarck sich einst [1866] mit Italien verband, um Österreich besser erledigen zu können". Es gibt noch weitere Anknüpfungen Hitlers an die Bismarcksche Bündnispolitik: die Versuche, Frankreich möglichst zu isolieren, mit England aber in gutem Einvernehmen zu bleiben und die Beziehungen zwischen diesen beiden Großmächten möglichst zu stören.[371] Und dann auch das vorübergehende Zweckbündnis mit Russland („Hitler-Stalin-Pakt", 1939), das Hitler damit für sich rechtfertigte, dass es beim Dreikaiserabkommen (zwischen Deutschland, Österreich und Russland 1872 bzw. 1881) „Bismarck niemals eingefallen [sei], einen politischen Weg taktisch prinzipiell für immer festlegen zu wollen". Dieser sei viel zu sehr „ein Meister des Augenblicks" gewesen, „als daß er sich selbst eine solche Bindung auferlegt hätte". Die „Konsolidierung und innere Festigung des von ihm geschaffenen Staatengebildes" seien der einzige Grund gewesen, „weshalb er [Bismarck] damals die russische Rückendeckung begrüßte, die ihm den Arm nach dem Westen freigab".[372]

Außerdem verband Hitler mit Bismarck die Abneigung gegenüber den Sozialisten. Bismarck dienten zwei missglücke Attentate auf Kaiser Wilhelm I. dazu, am 21. Oktober 1878 das Reichsgesetz „wider die gemeingefährlichen Bestrebungen der Sozialdemokratie", das bis 1890 gültige so genannte „Sozialistengesetz", durchzudrücken. Obwohl die Täter mit der Sozialdemokratie überhaupt nicht in Verbindung gestanden waren, wurden sozialdemokratische und sozialistische Vereine (einschließlich Gewerkschaften) und ihre Publikationsorgane verboten, ihre führenden Mitglieder zum Teil inhaftiert oder des Landes verwiesen, da sie angeblich die öffentliche Ordnung gefährdeten. Diese Vorgehensweise sollte sich – in noch radikalerer und umfassenderer Form – Hitler zu Eigen machen, als er nach dem Reichtagsbrand 1933, für den er wider besseres Wissen die Kommunisten verantwortlich gemacht hatte, die „Verordnung zum Schutz von Volk und Staat" erließ, mit der praktisch alle politischen Grundrechte der Weimarer Verfassung außer Kraft gesetzt wurden.[373]

Hitler hatte ja vorher schon in „Mein Kampf" unter dem Kolumnentitel „Deutschlands Verhalten zum Marxismus" offen bekannt: „Ich studierte die Bismarcksche Ausnahmegesetzgebung in Absicht, Kampf und Erfolg".[374] Dabei war ihm aufgegangen, warum Bismarck den Sozialismus und Marxismus in Deutschland nicht hatte ausrotten können:

> „Weil aber eine wirkliche geistige Trägerin dieses Kampfes fehlte, mußte Bismarck auch die Durchführung seiner Sozialistengesetzgebung dem Ermessen und Wollen derjenigen Institution anheimstellen, die selber schon Ausgeburt marxistischer Denkart war. Indem der eiserne Kanzler das Schicksal seines Marxistenkrieges dem Wohlwollen der bürgerlichen Demokratie überantwortete, machte er den Bock zum Gärtner."[375]

Diesen – in seinen Augen – kapitalen Fehler wollte Hitler nicht wiederholen. Er setzte daher der Weimarer Republik kurzerhand ein Ende.

FAZIT

„Mein Kampf": Hitlers Grundsatzprogramm, politisches Propagandamittel und rassistisches Lügengebäude

Aus den vorangegangenen Untersuchungen von Hitlers 1925/26 erschienener Schrift „Mein Kampf" geht hervor, dass es sich hierbei um die Darlegung eines menschenverachtenden, für Deutschland, Europa und darüber hinaus unheilvollen ideologischen und politischen Programms handelt, das in seiner Diktion sehr deutlich, ja eindeutig, drastisch und brutal ist. Sein Inhalt, sein Charakter und seine Zielsetzung können aufgrund des ausführlichen Personen- und Sachregisters sowie der lebenden Kolumnentitel mit wenigen Blicken erfasst und entlarvt werden.

Insofern ist Hitlers „Mein Kampf" kein Lügengebäude: Der Autor verheimlicht nichts, sondern schreibt offen, was er denkt und fühlt, und sollte dann buchstabengetreu entsprechend dem handeln, was er in seiner Publikation angekündigt hat. Seine rassistische „Weltanschauung" (Ideologie), seine Doktrin und seine politischen Ziele hat er hier ein für alle Mal festgeschrieben, nachträgliche Korrekturen gab es nicht.

Das trifft in erster Linie auf seinen unverblümten Antisemitismus, seinen irrationalen Judenhass, der sich bis zur Verteufelung, d.h. bis zur Dämonisierung der „Juden" steigert, und auf seinen ebenso offensichtlichen Germanisierungswahn zu. Ersteres führte konsequent zur Judenverfolgung bzw. -vertreibung und schließlich zum unsäglichen Holocaust, der systematischen, fließbandartigen Vernichtung von unschuldigen Mitmenschen jeglichen Geschlechts und Alters in unvorstellbarer Zahl. Letzteres mündete in der Vermessenheit und Verblendung, für eine „arische Herrenrasse" (was auch immer darunter zu verstehen sein mag) „neuen Lebensraum" erobern zu müssen, ebenso folgerichtig in den „totalen Krieg", den Zweiten Weltkrieg, und endete schließlich in der Katastrophe: mit Millionen von Menschenopfern, mit der Zerstörung bis dahin blühender Städte, Volkskulturen und -wirtschaften, mit Verödungen und Vertreibungen, vom angerichteten seelischen Schaden ganz zu schweigen.

Aber auch der in „Mein Kampf" propagierte Anschluss Österreichs an das Deutsche Reich sollte von Hitler mit allen ihm zur Verfügung stehenden Mitteln in die Realität umgesetzt werden. Wie der von ihm wegen seines zielstrebigen wie rigorosen Vorgehens bewunderte „Eiserne Kanzler" Otto von Bismarck mit Waffengewalt, politischem Druck und Bestechung das kleindeutsche „Zweite Reich" unter der Führung Preußens geschaffen hatte, so wollte der „Reichskanzler und Führer" Adolf Hitler das „Dritte Reich" zusammenschweißen, nun aber als „Großdeutsches Reich", in das außer den Österreichern auch noch die „Volksdeutschen", zunächst in den Nachbarländern wie die Sudetendeutschen, dann aber auch die in den entlegenen Gebieten Osteuropas, „heimgeholt" werden sollten.

Da mag es zunächst überraschen, dass die deutschsprachigen Südtiroler hierin nicht einbezogen wurden. Doch für den Leser von „Mein Kampf" war auch dies voraussehbar: Eindeutig spricht sich Hitler hierin aus strategischen Gründen für ein Bündnis mit Italien aus, dem das alldeutsche Denken unterzuordnen sei. Außerdem seien die dort regierenden Faschisten eine wichtige Säule im Kampf gegen den internationalen Marxismus und die angebliche „Weltherrschaft des Judentums". Das sonst „alldeutsche" Gehabe Hitlers war offensichtlich nur taktisches Manöver auf dem Weg zur erstrebten Weltherrschaft, Mittel zum Zweck, das er bei Bedarf – wie im Falle Südtirols – auch als Geschwätz abtat, wenn es ihm nicht in sein Machtkalkül passte.

Dies alles und noch mehr, wie beispielsweise Hitlers unverhohlene Kriegshetze gegen Frankreich und Russland, seine (wohl persönlich begründete) Abneigung gegenüber den Habsburgern oder seine strikte Ablehnung von Demokratie, Parlamentarismus, Föderalismus und Pressefreiheit, kann man ganz klar der Lektüre von „Mein Kampf" entnehmen, genauso auch seine Forderung einer „Förderung rassisch Wertvoller" und der „Erhaltung und Steigerung der Rasse" als „Aufgabe des Staates". Jede(r) Deutsche hatte die Möglichkeit, die in insgesamt rund zehn Millionen Exemplaren verbreitete Meinung und konkreten Vorstellungen Hitlers kennen zu lernen und sich die Folgen bei einer Regierungsübernahme durch die NSDAP auszumalen. Es war also keineswegs so, wie es teilweise noch heute von uninformierten oder unbelehrbaren Zeitgenossen zu hören ist, dass der „Führer" beispielsweise von der Judenvernichtung nichts gewusst habe bzw. diese von seinen Schergen ohne seinen Willen durchgeführt oder der Krieg ihm aufgezwungen worden sei; nein, <u>dies alles war „kein Betriebsunfall", sondern von Hitler von langer Hand geplant – und in „Mein Kampf" ausgiebig dargelegt.</u>

Diese Programmschrift war, wie von Hitler selbst zugegeben, auch eine Propagandaschrift, und damit eo ipso auf dem besten Weg, ein Lügengebäude aufzubauen. Propaganda lebt von der plakativen Zuspitzung und Überzeichnung, der gezielt einseitigen Information und Betonung zum Zwecke der Beeinflussung und Verhaltensänderung ihrer Zielgruppe. Daher macht sie zwangsläufig von der Präsentation von Halbwahrheiten, dem Ausblenden „unpassender" Fakten und möglicher Störfaktoren, dem Verschleiern von Zusammenhängen oder Widersprüchen usw. Gebrauch. Ihre Schlagworte sollen bei der Masse genau kalkulierte Emotionen wecken, nicht Intellektuelle zum Nachdenken und Abwägen anregen.

In totalitären Systemen wie der Nazi-Diktatur, bei der die Propaganda integrierender Bestandteil war (gab es doch in der Person von Joseph Goebbels einen eigenen „Reichsminister für Volksaufklärung und Propaganda"!), kommen verschärfend vorsätzliche Fehlinformationen, Falschmeldungen und psychologisch ausgefeilte Irreführungen hinzu, die – ständig wiederholt – ins Unterbewusstsein eindringen sollen. Diese Kriterien gelten alle auch für „Mein Kampf". Sehr offensichtlich, da leicht überprüfbar, tritt das beispielsweise bei der beschönigenden Schilderung von Hitlers Kindheit und Jugend, bei der Verherrlichung Bismarcks und Preußens oder bei der Schmähung und Verdammung der Habsburger und ihrer Doppelmonarchie zu Tage.

Zum puren Lügengebäude wird „Mein Kampf" dann bei der der Zoologie entlehnten, pseudodarwinistischen Rassentheorie und dem daraus resultierenden Rassismus und Antisemitismus, mögen sie damals auch noch so populär und Forschungsgegenstand von selbst ernannten „Wissenschaftlern" gewesen sein. Es gibt keine „arische Rasse", sondern nur eine indogermanische oder auch „arische" Sprachfamilie. Auch gibt es keine „jüdische Rasse", sondern – seit der Zerstreuung des „Volkes Israel" durch die Römer in alle Welt – nur eine jüdische Religionsgemeinschaft, der Menschen verschiedener Nationalitäten angehören (und seit 1948 den von internationalen Mitgliedern dieser Religionsgemeinschaft in Palästina gegründeten Staat Israel).

Unleugbar existieren auf der Erde verschiedene Menschenrassen wie die Europiden, Mongoliden, Indianiden oder Negriden. In jahrtausendelanger Anpassung an die geographischen und vor allem klimatischen Gegebenheiten, in denen sie leben, haben sie unterschiedliche äußere Merkmale ausgebildet. Diese sind aber keinesfalls Ausdruck von Charakter- oder Geisteseigenschaften. Daher kann keine Rasse als hoch- oder minderwertig gegenüber den übrigen Rassen eingestuft und keiner das Vorrecht eingeräumt werden, sich über eine andere zu erheben, sie zu unterjochen oder auszubeuten, geschweige denn sie auszurotten.

Genau das aber hat Hitler in „Mein Kampf" getan. Leider fand er neben abartigen auch unkritische, d.h. zu einem eigenen Urteil unfähige Menschen, die ihm dies, aus welchen Gründen auch immer, leichtfertig glaubten und denen dieses ständig in Geist und Seele eingeimpfte Gift zur Droge wurde und – trotz aller furchtbaren und leidvollen Erfahrungen und trotz aller Aufklärungsbemühungen, zu denen auch die vorliegende Publikation betragen möchte – auch heute noch wird.

ANHANG

Verzeichnis der verwendeten Literatur

Ackermann, Joseph: Himmler als Ideologe. Göttingen 1976

Arendt, Hannah: Elemente und Ursprünge totaler Herrschaft. Frankfurt a.M. o.J. [1955]

Ausstellungskatalog „70 Jahre Bücherverbrennung". München 2003

Bade, Klaus J. (Hrsg.): Deutsche im Ausland – Fremde in Deutschland. Migration in Geschichte und Gegenwart. München 1992

Benz, Wolfgang (Hrsg.): Die Vertreibung der Deutschen aus dem Osten. Ursachen, Ereignisse, Folgen. Frankfurt a.M. 1985

Benz, Wolfgang: Geschichte des Dritten Reiches. München 2000

Bohmann, Alfred: Das Sudetendeutschtum in Zahlen. München 1959

Brockhaus. Die Enzyklopädie in 24 Bänden. Studienausgabe Leipzig 2001

Broszat, Martin: Nationalsozialistische Polenpolitik 1939–1945. Frankfurt a.M. 1965

Brügel, Johann Wolfgang: Tschechen und Deutsche. München 1967

Buchheim, Hans, Martin Broszat, Hans-Adolf Jacobsen und Helmut Krausnick: Anatomie des SS-Staates. 2. Auflage München 1979

Buchsweiler, Meir: Volksdeutsche in der Ukraine am Vorabend und Beginn des Zweiten Weltkrieges – Ein Fall doppelter Loyalität. Tel Aviv 1974

Bullock, Alan: Hitler. Eine Studie über Tyrannei. Düsseldorf 1959

Corsini, Umberto und Rudolf Lill: Südtirol 1918–1946. Bozen 1988

Crome, Johann Friedrich: Preußens Gloria – Deutschlands Unglück. Zeven 1981

Dahms, Hellmuth Günther: Der Zweite Weltkrieg. Frankfurt a.M. / Berlin 1966

Deschner, Günther (Red.): Der Zweite Weltkrieg. Bilder, Daten, Dokumente. München 1983

Deuerlein, Ernst (Hrsg.): Der Aufstieg der NSDAP in Augenzeugenberichten. 5. Auflage München 1982

Distel, Barbara und Wolfgang Benz: Das Konzentrationslager Dachau 1933–1945. Geschichte und Bedeutung. München 1994

Domarus, Max: Hitler, Reden und Proklamationen 1932–1945. München 1965

Dvo ák, Johann: Politik und die Kultur der Moderne in der späten Habsburger-Monarchie. Innsbruck/Wien 1997

Eisterer, Klaus und Rolf Steininger (Hrsg.): Die Option. Südtirol zwischen Faschismus und Nationalsozialismus (Innsbrucker Forschungen zur Zeitgeschichte Bd. 5). Innsbruck 1989

Erbe, Michael: Die Habsburger 1493–1918. Eine Dynastie im Reich und in Europa. Stuttgart/Berlin/Köln 2000

Fejtö, François: Die Geschichte der Volksdemokratien. Graz/Köln 1972

Fest, Joachim: Hitler. Eine Biographie. 3. Auflage München 2000

Fischer, Fritz: Hitler war kein Betriebsunfall. Aufsätze. München 1992

Framke, Gisela: Im Kampf um Südtirol: Ettore Tolomei (1865–1952) und das *Archivio per l'Alto Adige* (Bibliothek des Deutschen Historischen Instituts in Rom 67). Tübingen 1987

Frank, Hans: Im Angesicht des Galgens. München-Gräfelfing 1953

Gatterer, Claus: Im Kampf gegen Rom. Bürger, Minderheiten und Autonomien in Italien. Wien 1968

Gilbert, Martin: Nie wieder! Die Geschichte des Holocaust. Berlin/München 2001

Glaser, Hermann: Das Dritte Reich. Anspruch und Wirklichkeit. Freiburg i.Br. 1961

Gleissl, Max und Barbara Mai: Die Deutschen im Osten. Berlin/Bonn 1988

Haffner, Sebastian: Preußen ohne Legende. 1. vollständige Taschenbuchausgabe Hamburg 1998

Hamann, Brigitte (Hrsg.): Die Habsburger. Ein biographisches Lexikon. München 1988

Hamann, Brigitte: Hitlers Wien. Lehrjahre eines Diktators. München 1996; Taschenbuchsonderausgabe 2001

Hampel, Johannes: Hitlers „Mein Kampf" als neue Bibel. Die Weltanschauung der Nationalsozialisten. In: Der Nationalsozialismus. Bd. I: Machtergreifung und Machtsicherung 1933–1935. München 1985

Hartmann, Peter Claus: Bayerns Weg in die Gegenwart. 2. Auflage Regensburg 2004

Herbert, Ulrich (Hrsg.): Nationalsozialistische Vernichtungspolitik 1939–1945. Neue Forschungen und Kontroversen. 2. Auflage Frankfurt a.M. 1998

Herzfeld, Hans: Die Weimarer Republik. Bonn 1967

Hilf, Rudolf: Deutsche und Tschechen. Symbiose – Katastrophe – Neue Wege. Opladen 1995

Hofer, Walther: Der Nationalsozialismus. Dokumente 1933–1945. Frankfurt a.M. 1957

Huter, Franz (Hrsg.): Südtirol. Eine Frage des europäischen Gewissens. München 1965

Jacobsen, Hans-Adolf (Hrsg.): Hans Steinacher. Bundesleiter des VDA 1933–1937 – Erinnerungen und Dokumente. Boppard am Rhein 1970

Jäckel, Eberhard und Axel Kuhn (Hrsg.): Hitler. Sämtliche Aufzeichnungen 1905–1924 (Quellen und Darstellungen zur Zeitgeschichte 21). Stuttgart 1980

Jetzinger, Franz: Hitlers Jugend. Wien 1956

Jochmann, Werner (Hrsg.): Adolf Hitler. Monologe im Führerhauptquartier 1941–1944. Die Aufzeichnungen Heinrich Heims. Hamburg 1980

Jong, Louis de: Die deutsche Fünfte Kolonne im Zweiten Weltkrieg. Stuttgart 1959

Kammer, Hilde und Elisabeth Bartsch: Lexikon Nationalsozialismus. Begriffe, Organisationen und Institutionen. 2. Auflage Reinbek bei Hamburg 1999

Keller, Werner: Und wurden zerstreut unter alle Völker. Die nachbiblische Geschichte des jüdischen Volkes. München/Zürich 1966

Kläger, Emil: Durch die Quartiere der Not und des Verbrechens. Wien 1908

Kubizek, August: Adolf Hitler – Mein Jugendfreund. Graz/Göttingen 1953

Lill, Rudolf (Hrsg.): Die Option der Südtiroler 1939. Beiträge eines Neustifter Symposions. Bozen 1991

Loock, Hans-Dietrich: Zur „Großgermanischen Politik" des Dritten Reiches. In: Vierteljahrshefte zur Zeitgeschichte 8, 1960, S. 37–63

Löw, Konrad: Hätten sie doch nur „Mein Kampf" gelesen! Vor 100 Jahren wurde Adolf Hitler geboren, vor 50 Jahren begann der Zweite Weltkrieg. In: Jahrbuch Extremismus & Demokratie 1. Bonn 1989, S. 99–121

Lukacs, John: Hitler. Geschichte und Geschichtsschreibung. Berlin 1999

Lurker, Otto: Hitler hinter Festungsmauern. Ein Bild aus trüben Tagen. 2. Auflage Berlin 1933

Marr, Wilhelm: Der Sieg des Judenthums über das Germanenthum. Bern 1879

Maser, Werner: Die Frühgeschichte der NSDAP. Hitlers Weg bis 1924. Frankfurt a.M. / Bonn 1965

Maser, Werner: Adolf Hitler – Mein Kampf. Geschichte, Auszüge, Kommentare. 6. Auflage Esslingen 1981

Maser, Werner: Adolf Hitler. Legende, Mythos, Wirklichkeit. 16.
  Auflage München/Esslingen 1997
Meyer, Henry Cord: Mitteleuropa in German thought and action
  1815–1945. Den Haag 1959
Mommsen, Wolfgang J.: 1848. Die ungewollte Revolution.
  Die revolutionären Bewegungen in Europa 1830–1849.
  Frankfurt a.M. 1998
Müller, Helmut M.: Schlaglichter der deutschen Geschichte. 2.,
  aktualisierte und erweiterte Auflage Mannheim 1990
Münch, Hermann: Böhmische Tragödie. Braunschweig 1949
Ortag, Peter: Jüdische Kultur und Geschichte. Ein Überblick.
  Potsdam 1995
Oswald, Ingrid: Nationalitätenkonflikte im östlichen Teil
  Europas. Berlin 1993
Petersen, Jens: Hitler – Mussolini. Die Entstehung der Achse
  Berlin–Rom 1933–1936 (Bibliothek des Deutschen
  Historischen Instituts in Rom 43). Tübingen 1973
Petzold, Joachim: Die Dolchstoßlegende. Eine
  Geschichtsfälschung im Dienst des deutschen
  Imperialismus und Militarismus. Berlin 1963
Pinkus, Benjamin und Ingeborg Fleischhauer: Die Deutschen in
  der Sowjetunion. Geschichte einer nationalen Minderheit
  im 20. Jahrhundert. Baden-Baden 1987
Pross, Harry (Hrsg.): Die Zerstörung der deutschen Politik.
  Dokumente 1871–1933. 4. Auflage Frankfurt a.M. 1963
Raab, Karl und Ralf Vierthaler: Beute-Deutsche. Mobbing-Opfer
  unter der NS-Diktatur. Frankfurt a.M. 2002
Reichmann, Eva G.: Flucht in den Haß. Die Ursachen der
  deutschen Judenkatastrophe. Frankfurt a.M. o.J. [1954]
Ritschel, Karl Heinz: Diplomatie um Südtirol. Politische
  Hintergründe eines europäischen Versagens. Stuttgart 1966
Rovan, Joseph: Geschichte der Deutschen. Von ihren Ursprüngen
  bis heute. 2. Auflage München/Wien 1995
Rubatscher, Maria Veronika: Die Option 1939 in Südtirol. Ein
  Zeugnis zur Geschichte. Calliano 1986

Salvemini, Gaetano: Preludio alla seconda guerra mondiale (Scritti di politica estera 3). Mailand 1976

Schober, Richard: Die Tiroler Frage auf der Friedenskonferenz von Saint Germain (Schlern-Schriften 270). Innsbruck 1982

Shirer, William L.: Aufstieg und Fall des Dritten Reiches. München/Zürich 1963

Somary, Felix: Erinnerungen aus meinem Leben. Zürich o.J. [1955]

Statistisches Jahrbuch der Stadt Wien für 1908. Wien 1910

Steurer, Leopold: Südtirol zwischen Rom und Berlin 1919–1939. Wien/München/Zürich 1980

Stuhlpfarrer, Karl: Umsiedlung Südtirol 1939–1940. Wien/München 1985

Tafferner, Anton: Die Donauschwaben. Wien 1970

Treml, Manfred: Zwischen Getto und Assimilation – Die Emanzipation der Juden in Bayern im 19. Jahrhundert. Mskr. Bayer. Rundfunk, München 1988.

Trepp, Leo: Die Juden. Volk, Geschichte, Religion. Reinbek bei Hamburg 1998

Veiter, Theodor: Nationalitätenkonflikt und Volksgruppenrecht im ausgehenden 20. Jahrhundert. Die Entwicklung des ethnischen Konflikts – Rechtsprobleme im ausgehenden zwanzigsten Jahrhundert – Schlußfolgerungen. 2., völlig neu bearbeitete Auflage München 1984

Villgrater, Maria: Katakombenschule, Faschismus und Schule in Südtirol. Bozen 1984

Vogelsang, Thilo: Der Nationalsozialismus. Deutschland in den Jahren 1933 bis 1939. Bonn 1968

Volgger, Friedl: Mit Südtirol am Scheideweg. Erlebte Geschichte. Innsbruck 1984

Weiß, Klaus: Das Südtirol-Problem in der Ersten Republik, dargestellt an Österreichs Innen- und Außenpolitik im Jahre 1928. Wien/München 1989

Winter, Max: Höhlenbewohner in Wien. Brigittenauer Wohn-
und Sittenbilder aus der Luegerzeit. Wien 1927

Winter, Max: Im unterirdischen Wien (Großstadt-Dokumente
Bd. 13). Berlin o.J.

Zayas, Alfred-Maurice de: Anmerkungen zur Vertreibung der
Deutschen aus dem Osten. 3. verbesserte Auflage Stuttgart/
Berlin/Köln 1993

Anmerkungen

[1] Adolf Hitler: Mein Kampf. 405.–409. Auflage München 1939, S. 1.

[2] Alles nach Werner Maser: Adolf Hitler. Legende, Mythos, Wirklichkeit. 16. Auflage München/Esslingen 1997, S. 11–54.

[3] Mein Kampf, S. 8.

[4] Werner Maser: Adolf Hitler – Mein Kampf. Geschichte, Auszüge, Kommentare. 6. Auflage Esslingen 1981, S. 87/88.

[5] August Kubizek: Adolf Hitler – Mein Jugendfreund. Graz/Göttingen 1953, S. 69 f.

[6] Maser 1997, S. 53–76.

[7] Alan Bullock: Hitler. Eine Studie über Tyrannei. Düsseldorf 1959, S. 31.

[8] Mein Kampf, S. 20/21.

[9] Mein Kampf, S. 179.

[10] Mein Kampf, S. 138.

[11] Hermann Glaser: Das Dritte Reich. Anspruch und Wirklichkeit. Freiburg i. Br. 1961, S. 15.

[12] Maser 1981, S. 94.

[13] Maser 1997, S. 118.

[14] Mein Kampf, S. 179.

[15] Mein Kampf, S. 180/81.

[16] Maser 1997, S. 136/37 (nach Kriegsstammrolle der 7. Kompanie des I. Ersatzbataillons des 2. bayerischen Infanterieregiments).

[17] Mein Kampf, S. 456.

[18] Maser 1997, S. 138.

[19] Mein Kampf, S. 225.

[20] Die Aussage Hitlers in „Mein Kampf", S. 226, er sollte am 27. April 1919 auf Anordnung des „Zentralrats" der Räterepublik verhaftet werden, ist eine Lüge. Vielmehr wurde er nach dem Einmarsch des Freikorps Epp in

München vorübergehend festgenommen, weil er die rote Armbinde der Kommunisten getragen haben dürfte (Maser 1997, S. 161/62).

[21] Werner Maser: Die Frühgeschichte der NSDAP. Hitlers Weg bis 1924. Frankfurt a.M. / Bonn 1965, S. 133 ff.

[22] Mein Kampf, S. 235.

[23] Glaser 1961, S. 17.

[24] Maser 1965, S. 176.

[25] Mein Kampf, S. 242/43.

[26] Peter Claus Hartmann: Bayerns Weg in die Gegenwart. 2. Auflage Regensburg 2004, S. 485–487, 494.

[27] Wolfgang Benz: Geschichte des Dritten Reiches. München 2000, S. 54.

[28] Benz 2000, S. 19–33.

[29] Glaser 1961, S. 20.

[30] Benz 2000, S. 127–149.

[31] Thilo Vogelsang: Der Nationalsozialismus. Deutschland in den Jahren 1933 bis 1939. Bonn 1968, S. 151 ff.; Glaser 1961, S. 21/22; Benz 2000, S. 151 ff.

[32] Mein Kampf, S. 154/55.

[33] Günther Deschner (Red.): Der Zweite Weltkrieg. Bilder, Daten, Dokumente. München 1983.

[34] Mein Kampf, Vorwort.

[35] Maser 1981, S. 15/16.

[36] Otto Lurker: Hitler hinter Festungsmauern. Ein Bild aus trüben Tagen. 2. Auflage Berlin 1933, S. 56.

[37] Maser 1981, S. 29.

[38] Maser 1981, S. 31–34. – Auch wenn Hitler sich weigerte, in den folgenden Auflagen inhaltliche Änderungen vorzunehmen, können bis 1939 doch rund 2500 Korrekturen zumeist stilistischer Art (wie sprachliche Glättungen oder Richtigstellung der Interpunktion und Orthographie) durch Dritte festgestellt werden (siehe Maser 1981, S. 64 ff.).

[39] William L. Shirer: Aufstieg und Fall des Dritten Reiches. München/Zürich 1963, Bd. I, S. 99.

[40] Maser 1981, S. 39/40.
[41] John Lukacs: Hitler. Geschichte und Geschichtsschreibung. Berlin 1999, S. 50.
[42] Hans Frank: Im Angesicht des Galgens. München-Gräfelfing 1953, S. 45.
[43] Mein Kampf, S. 196/97.
[44] Mein Kampf, S. 200/01.
[45] Maser 1981, S. 168/69.
[46] Mein Kampf, S. 154.
[47] Mein Kampf, S. 740.
[48] Mein Kampf, S. 751.
[49] Mein Kampf, Schlusswort (S. 782).
[50] Mein Kampf, S. 378.
[51] Johannes Hampel: Hitlers „Mein Kampf" als neue Bibel. Die Weltanschauung der Nationalsozialisten. In: Der Nationalsozialismus. Bd. I: Machtergreifung und Machtsicherung 1933–1935. München 1985, S. 89–109.
[52] Abgedruckt bei Maser 1981, S. 206.
[53] Vgl. hierzu auch Konrad Löw: Hätten sie doch nur „Mein Kampf" gelesen! Vor 100 Jahren wurde Adolf Hitler geboren, vor 50 Jahren begann der Zweite Weltkrieg. In: Jahrbuch Extremismus & Demokratie 1. Bonn 1989, S. 99–121.
[54] Max Domarus: Hitler, Reden und Proklamationen 1932–1945. München 1965, Bd. II, S. 1761.
[55] Peter Ortag: Jüdische Kultur und Geschichte. Ein Überblick. Potsdam 1995, S. 12/17.
[56] Studienausgabe. 20. Auflage Leipzig 2001, Bd. 11. S. 256 (Judentum).
[57] Mein Kampf, S. 165.
[58] Mein Kampf, S. 335/36. – Zum Glauben der Juden an ein Leben nach dem Tod vgl. beispielsweise Buch Daniel 12,2: „Und viele, die am Boden des Staubes schlafen, erwachen, diese zu Leben in Weltdauer und diese zu Schmach und zu Schauder in Weltdauer" (Übersetzung von Martin Buber,

1962); Weiteres zu diesem Thema bei Leo Trepp: Die Juden. Volk, Geschichte, Religion. Reinbek bei Hamburg 1998, S. 273/74.

[59] Eva G. Reichmann: Flucht in den Haß. Die Ursachen der deutschen Judenkatastrophe. Frankfurt a.M. o.J. [1954], S. 245.

[60] Glaser 1961, S. 28.

[61] Mein Kampf, S. 311/12.

[62] Mein Kampf, S. 338.

[63] Werner Keller: Und wurden zerstreut unter alle Völker. Die nachbiblische Geschichte des jüdischen Volkes. München/ Zürich 1966, S. 31 ff.

[64] Chaim Frank: Antisemitismus – Judenfeindschaft in Deutschland (Teil 1). In: Jüdische Kulturbühne 7/8, 1993, S. 39.

[65] Ortag 1995, S. 78 ff.; Trepp 1998, S. 66 ff.

[66] Mein Kampf, S. 63.

[67] Mein Kampf, S. 339/40.

[68] Ortag 1995, S. 94–97; Trepp 1998, S. 72–75.

[69] Mein Kampf, S. 340/41.

[70] Nach Manfred Treml: Zwischen Getto und Assimilation – Die Emanzipation der Juden in Bayern im 19. Jahrhundert. Mskr. Bayer. Rundfunk, München 1988.

[71] Ortag 1995, S. 97–99; Trepp 1998, S. 87–90.

[72] Hannah Arendt: Elemente und Ursprünge totaler Herrschaft. Frankfurt a.M. o.J. [1955], S. 88.

[73] Mein Kampf, S. 341–345.

[74] Mein Kampf, S. 330.

[75] Maser 1981, S. 251.

[76] Wilhelm Marr: Der Sieg des Judenthums über das Germanenthum. Bern 1879.

[77] Benz 2000, S. 127.

[78] Mein Kampf, S. 70.

[79] Mein Kampf, S. 357.

[80] Mein Kampf, S. 629/30.

[81] Mein Kampf, S. 359.

[82] Vgl. z.B. Joachim Petzold: Die Dolchstoßlegende. Eine Geschichtsfälschung im Dienst des deutschen Imperialismus und Militarismus. Berlin 1963.

[83] Mein Kampf S. 211/12.

[84] Trepp 1998, S. 105.

[85] Martin Gilbert: Nie wieder! Die Geschichte des Holocaust. Berlin/München 2001, S. 10.

[86] Mein Kampf, S. 64–67.

[87] Mein Kampf, S. 350/51.

[88] Mein Kampf, S. 357.

[89] Mein Kampf, S. 99.

[90] Mein Kampf. S. 627.

[91] Mein Kampf, S. 358.

[92] Mein Kampf, S. 702.

[93] Mein Kampf, S. 750.

[94] Mein Kampf, S. 628/29.

[95] Benz 2000, S. 132.

[96] Zitat des Historikers Heinrich von Treitschke, das seit 1927 in der Fußleiste eines jeden Titels des Wochenblatts „Der Stürmer" abgedruckt war.

[97] Joseph Rovan: Geschichte der Deutschen. Von ihren Ursprüngen bis heute. 2. Auflage München/Wien 1995, S. 592.

[98] Polen, Sowjetunion, Rumänien, Ungarn, Tschechoslowakei, Frankreich, Österreich, Litauen, Holland, Lettland, Belgien, Griechenland, Jugoslawien, Italien, Dänemark, Estland, Norwegen und Albanien. Vgl. hierzu beispielsweise Gilbert 2001, S. 62 ff., oder Ulrich Herbert (Hrsg.): Nationalsozialistische Vernichtungspolitik 1939–1945. Neue Forschungen und Kontroversen. 2. Auflage Frankfurt a.M. 1998.

[99] Barbara Distel / Wolfgang Benz: Das Konzentrationslager Dachau 1933–1945. Geschichte und Bedeutung. München 1994, S. 5.

[100] Trepp 1998, S. 109.
[101] Nach Ortag 1995, S. 111/12.
[102] Trepp 1998, S. 109.
[103] Ausstellungskatalog „70 Jahre Bücherverbrennung". München 2003.
[104] Maser 1981, S. 241.
[105] Vgl. Gilbert 2001, S. 38 ff.
[106] Ortag 1995, S. 112 ff.
[107] Gilbert 2001, S. 40.
[108] Ortag 1995, S. 112–116.
[109] Laut Schreiben Heydrichs an Göring (vgl. Ortag 1995, S. 116).
[110] Glaser 1961, S. 135–137.
[111] Ortag 1995, S. 116–119.
[112] Gilbert 2001, S. 56 ff., 180.
[113] Polizei-Verordnung vom 01.09.1940.
[114] Gilbert 2001, S. 70.
[115] Ortag 1995, S. 121–123.
[116] Mein Kampf, S. 772.
[117] Ortag 1995, S. 123–126.
[118] Walther Hofer: Der Nationalsozialismus. Dokumente 1933–1945. Frankfurt a.M. 1957, S. 275.
[119] Theodor Veiter: Nationalitätenkonflikt und Volksgruppenrecht im ausgehenden 20. Jahrhundert. Die Entwicklung des ethnischen Konflikts – Rechtsprobleme im ausgehenden zwanzigsten Jahrhundert – Schlußfolgerungen, Bd. 1. 2., völlig neu bearbeitete Auflage München 1984, S. 12.
[120] Veiter 1984, S. 13.
[121] Zitiert nach Veiter 1984, S. 17.
[122] Wolfgang J. Mommsen: 1848. Die ungewollte Revolution. Die revolutionären Bewegungen in Europa 1830–1849. Frankfurt a.M. 1998, S. 266/67.
[123] Harry Pross (Hrsg.): Die Zerstörung der deutschen Politik. Dokumente 1871–1933. 4. Auflage Frankfurt a.M. 1963, S. 264.
[124] Veiter 1984, S. 18.

[125] Veiter 1984, S. 27.

[126] Hans Herzfeld: Die Weimarer Republik. Bonn 1967, S. 38. Eine detaillierte Auflistung bringt Pross 1963, S. 328/29.

[127] Hilde Kammer / Elisabeth Bartsch: Lexikon Nationalsozialismus. Begriffe, Organisationen und Institutionen. 2. Auflage Reinbek bei Hamburg 1999, S. 261 (Volksdeutsche).

[128] Karl Raab / Ralf Vierthaler: Beute-Deutsche. Mobbing-Opfer unter der NS-Diktatur. Frankfurt a.m. 2002. Vgl. auch Definition in: Duden. Das große Wörterbuch der deutschen Sprache. Mannheim/Leipzig/Wien/Zürich 1993, Bd. 1: *„Beutedeutscher, der* (besonders nationalsozialistisch, abwertend) als Deutscher anerkannter Staatsangehöriger eines anderen (besonders eines osteuropäischen) Staates (der die deutsche Sprache u.U. nur unzureichend – bzw. mit Akzent – beherrscht)"; außerdem: *„Beutegermane, der* (besonders nationalsozialistisch, abwertend): *Beutedeutsche"*.

[129] Kammer/Bartsch 1999, S. 259/60 (völkisch).

[130] Mein Kampf, S. 415/16.

[131] Mein Kampf, S. 418.

[132] Mein Kampf, S. 645.

[133] Vgl. das obige Kapitel: Hitlers Missbrauch des Begriffs „Judentum".

[134] Mein Kampf, S. 420–422.

[135] Mein Kampf, S. 444/45.

[136] Mein Kampf, S. 449.

[137] Mein Kampf, S. 362.

[138] Mein Kampf, S. 473.

[139] Mein Kampf, S. 436/37.

[140] Mein Kampf, S. 490/91.

[141] Kammer/Bartsch 1999, S. 65–67 (Eindeutschung).

[142] Joseph Ackermann: Himmler als Ideologe. Göttingen 1976, S. 207.

[143] Nach Alfred-Maurice de Zayas: Anmerkungen zur Vertreibung der Deutschen aus dem Osten. 3. verbesserte Auflage Stuttgart/Berlin/Köln 1993, S. 19–21.

[144] Max Gleissl / Barbara Mai: Die Deutschen im Osten. Berlin/ Bonn 1988, S. 9/10.

[145] De Zayas 1993, S. 21–23; Brockhaus. Die Enzyklopädie. Leipzig 2001, Bd. 21, S. 365–367 (Sudeten, Sudetendeutsche).

[146] Klaus J. Bade (Hrsg.): Deutsche im Ausland – Fremde in Deutschland. Migration in Geschichte und Gegenwart. München 1992, S. 38/39.

[147] Anton Tafferner: Die Donauschwaben. Wien 1970, S. 25.

[148] Bade 1992, S. 90/91.

[149] Gleissl/Mai 1988, S. 11–14. Bade 1992, S. 125.

[150] De Zayas 1993, S. 36. Durch Auswanderungen von Angehörigen ethnischer Minderheiten verschob sich das Verhältnis im Laufe der Zeit etwas zugunsten der Tschechen und Slowaken.

[151] Rudolf Hilf: Deutsche und Tschechen. Symbiose – Katastrophe – Neue Wege. Opladen 1995, S. 74/75.

[152] Bade 1992, S. 55/56. Die Angaben zur Anzahl der Volksdeutschen in den einzelnen ost- und südosteuropäischen Ländern differieren in der Literatur zum Teil erheblich.

[153] François Fejtö: Die Geschichte der Volksdemokratien. Graz/ Köln 1972, Bd. 1, S. 25/26.

[154] De Zayas 1993, S. 37/38, 216 (z.T. mit widersprüchlichen Zahlenangaben).

[155] Ingrid Oswald: Nationalitätenkonflikte im östlichen Teil Europas. Berlin 1993, S. 15. Veiter 1984, S. 30.

[156] Alfred Bohmann: Das Sudetendeutschtum in Zahlen. München 1959, S. 68, 74–82.

[157] Louis de Jong: Die deutsche Fünfte Kolonne im Zweiten Weltkrieg. Stuttgart 1959, S. 255.

[158] Hilf 1995, S. 84.

[159] Zeitungsinterview des deutschen aktivistischen Ministers (für öffentliche Arbeit) Prof. Franz Spina (Bund der Landwirte), zitiert nach Johann Wolfgang Brügel: Tschechen und Deutsche. München 1967, S. 184.

[160] Mein Kampf, S. 688.
[161] Mein Kampf, S. 687.
[162] Mein Kampf, S. 689.
[163] De Zayas 1993, S. 39/40.
[164] Kammer/Bartsch 1999, S. 261/62 (Volksdeutsche).
[165] Kammer/Bartsch 1999, S. 18–21 (Anschluß Österreichs an das Deutsche Reich).
[166] Kammer/Bartsch 1999, S. 154/55 (Münchener Abkommen). Eva und Hans Henning Hahn: „Wir wollen heim ins Reich". Die Sudetendeutsche Landsmannschaft und ihre ungeklärte Tradition. In: Die Zeit 08/2002.
[167] Bullock 1959, S. 443.
[168] Bullock 1959, S. 454. Hahn 2002.
[169] Hofer 1957, S. 204.
[170] Kammer/Bartsch 1999, S. 189/90 (Protektorat Böhmen und Mähren).
[171] Hofer 1957, S. 221.
[172] Kammer/Bartsch 1999, S. 191 (Protektorat Böhmen und Mähren).
[173] Mein Kampf, S. 736.
[174] Mein Kampf, S. 143/44.
[175] Mein Kampf, S. 151.
[176] Mein Kampf, S. 154.
[177] Mein Kampf, S. 151.
[178] Mein Kampf, S. 150.
[179] Hellmuth Günther Dahms: Der Zweite Weltkrieg. Frankfurt a.M. / Berlin 1966, S. 28.
[180] De Zayas 1993, S. 44.
[181] Martin Broszat: Nationalsozialistische Polenpolitik 1939–1945. Frankfurt a.M. 1965, S. 36, 70/71.
[182] Kammer/Bartsch 1999, S. 201 (Reichsgau).
[183] Hofer 1957, S. 230/31.
[184] Brockhaus 2001, Bd. 3, S. 220 (Bessarabien).
[185] Hans Buchheim / Martin Broszat / Hans-Adolf Jacobsen / Helmut Krausnick: Anatomie des SS-Staates. 2. Auflage

München 1979, Bd. 1, S. 183.

[186] Veiter 1984, S. 63–65. Stefan Mannes: Deutschland 1945: Flüchtlinge – Vertriebene – Displaced Persons. Die Dimensionen der Wanderungsbewegungen und demographischen Verschiebungen (http://www.nachkriegsdeutschland.de/ demographische_ verschiebungen.htm).

[187] Mein Kampf, S. 742.

[188] Ackermann 1976, S. 207.

[189] Kammer/Bartsch 1999, S. 65–67 (Eindeutschung), 94/95 (Germanisierung).

[190] Hans-Dietrich Loock: Zur „Großgermanischen Politik" des Dritten Reiches. In: Vierteljahrshefte zur Zeitgeschichte 8, 1960, S. 37–63, hier S. 56.

[191] Mein Kampf, S. 438.

[192] Ackermann 1976, S. 218.

[193] De Zayas 1993, S. 55.

[194] Wolfgang Benz (Hrsg.): Die Vertreibung der Deutschen aus dem Osten. Ursachen, Ereignisse, Folgen. Frankfurt a.M. 1985, S. 39–48.

[195] Veiter 1984, S. 62.

[196] De Zayas 1993, S. 60 ff. Kammer/Bartsch 1999, S. 262/63 (Volksdeutsche). Benjamin Pinkus / Ingeborg Fleischhauer: Die Deutschen in der Sowjetunion. Geschichte einer nationalen Minderheit im 20. Jahrhundert. Baden-Baden 1987, S. 242–318.

[197] Brockhaus 2001, Bd. 17, S. 418 (Potsdamer Abkommen).

[198] De Zayas 1993, S. 216/17.

[199] Kammer/Bartsch 1999, S. 270–272 (Waffen-SS).

[200] Meir Buchsweiler: Volksdeutsche in der Ukraine am Vorabend und Beginn des Zweiten Weltkrieges – Ein Fall doppelter Loyalität. Tel Aviv 1974, S. 364–383.

[201] Trient und Südtirol, Triest und Dalmatien.

[202] Brockhaus 2001, Bd. 24, S. 27 (Weltkrieg / Der Erste Weltkrieg).

[203] Nach Richard Schober: Die Friedenskonferenz von St. Germain und die Teilung Tirols. In: Klaus Eisterer / Rolf Steininger (Hrsg.): Die Option. Südtirol zwischen Faschismus und Nationalsozialismus (Innsbrucker Forschungen zur Zeitgeschichte Bd. 5). Innsbruck 1989, S. 33–50, hier S. 33–37. Vgl. auch Richard Schober: Die Tiroler Frage auf der Friedenskonferenz von Saint Germain (Schlern-Schriften 270). Innsbruck 1982.

[204] Schober 1989, S. 38.

[205] Nach Schober 1989, S. 43.

[206] Schober 1989, S. 47/48.

[207] Karl Heinz Ritschel: Diplomatie um Südtirol. Politische Hintergründe eines europäischen Versagens. Stuttgart 1966, S. 104/05.

[208] Klaus Weiß: Die Südtirolpolitik in der Ersten Republik. In: Eisterer/Steininger 1989, S. 51–70, hier S. 53. Vgl. auch Klaus Weiß: Das Südtirol-Problem in der Ersten Republik, dargestellt an Österreichs Innen- und Außenpolitik im Jahre 1928. Wien/München 1989.

[209] Brockhaus 2001, Bd. 11, S. 27–29 (Italien / Die Zeit des Faschismus) bzw. Bd. 15, S. 281/82 (Mussolini).

[210] Rolf Steininger: Die Option – Anmerkungen zu einem schwierigen Thema. In: Eisterer/Steininger 1989, S. 9–31, hier S. 11.

[211] Steininger 1989, S. 12/13.

[212] Maria Villgrater: Die „Katakombenschule": Symbol des Südtiroler Widerstandes. In: Eisterer/Steininger 1989, S. 85–105, hier S. 87–89. Vgl. hierzu auch Maria Villgrater: Katakombenschule, Faschismus und Schule in Südtirol. Bozen 1984.

[213] Zitiert nach Villgrater 1989, S. 89.

[214] Gisela Framke: Ettore Tolomei – „Totengräber Südtirols" oder „patriotischer Märtyrer"? In: Eisterer/Steininger 1989, S. 71–84, hier S. 75 bzw. 82/83. Vgl. auch Gisela Framke: Im Kampf um Südtirol: Ettore Tolomei (1865–1952) und

das *Archivio per l'Alto Adige* (Bibliothek des Deutschen Historischen Instituts in Rom 67). Tübingen 1987.

[215] Villgrater 1989, S. 89–91.

[216] Villgrater 1989, S. 91–97.

[217] Rudolf Lill: Südtirol zwischen Hitler und Mussolini. In: Rudolf Lill (Hrsg.): Die Option der Südtiroler 1939. Beiträge eines Neustifter Symposions. Bozen 1991, S. 7–26, hier S. 11.

[218] Hans-Adolf Jacobsen (Hrsg.): Hans Steinacher. Bundesleiter des VDA 1933–1937 – Erinnerungen und Dokumente. Boppard am Rhein 1970, S. 405/06.

[219] Villgrater 1989, S. 100/01.

[220] Gaetano Salvemini: Preludio alla seconda guerra mondiale (Scritti di politica estera 3). Mailand 1976, S. 709 (in der Übersetzung von Villgrater 1989, S. 102).

[221] Steininger 1989, S. 13.

[222] Claus Gatterer: Im Kampf gegen Rom. Bürger, Minderheiten und Autonomien in Italien. Wien 1968, S. 552.

[223] Jacobsen 1970, S. 407.

[224] Reiner Pommerin: Die Stellung Südtirols in der deutschen Außenpolitik 1919–1939. In: Lill 1991, S. 47–62, hier S. 59. Jens Petersen: Deutschland, Italien und Südtirol 1938–1940. In: Eisterer/Steininger 1989, S. 127–150, hier S. 134–136.

[225] Steininger 1989, S. 14.

[226] Alfons Gruber: Faschismus und Option in Südtirol. In: Eisterer/Steininger 1989, S. 227–238, hier S. 229.

[227] Steininger 1989, S. 13.

[228] Gruber, S. 230.

[229] Jacobsen 1970, S. 406.

[230] Jacobsen 1970, S. 405.

[231] Mein Kampf, S. 520.

[232] Pommerin 1991, S. 51/52.

[233] Mein Kampf, S. 720/21.

[234] Mein Kampf, S. 520/21.

[235] Mein Kampf, S. 688.

[236] Mein Kampf, S. 705.

[237] Mein Kampf, S. 699/700.

[238] Mein Kampf, S. 698.

[239] Mein Kampf, S. 697.

[240] Mein Kampf, S. 755/56.

[241] Mein Kampf, S. 154.

[242] Mein Kampf, S. 162. In der von mir benützten Ausgabe (vgl. Anm. 1) heißt es zwar „deutsch*feindlich*", doch muss es, um einen Sinn zu ergeben, richtigerweise „deutsch*freundlich*" heißen, wie dies auch im Personen- und Sachregister dieser Programmschrift (S. XIV) angegeben ist.

[243] Mein Kampf, S. 720.

[244] Mein Kampf, S. 707.

[245] Mein Kampf, S. 709.

[246] Mein Kampf, S. 709.

[247] Lill 1991, S. 13.

[248] Weiß 1989, S. 65. Vgl. hierzu auch Leopold Steurer: Südtirol zwischen Rom und Berlin 1919–1939. Wien/München/Zürich 1980, S. 170 ff., sowie Jens Petersen: Hitler – Mussolini. Die Entstehung der Achse Berlin–Rom 1933–1936 (Bibliothek des Deutschen Historischen Instituts in Rom 43). Tübingen 1973, S. 65 ff.

[249] Zitiert nach Lill 1991, S. 12.

[250] Pommerin 1991, S. 59.

[251] Mein Kampf, S. 710.

[252] Mein Kampf, S. 710/11.

[253] Mein Kampf, S. 711.

[254] Brockhaus 2001, Bd. 18, S. 516 (Römische Protokolle).

[255] Brockhaus 2001, Bd. 21, S. 257 (Stresafront).

[256] Lill 1991, S. 7/8 und 20. Vgl. auch Umberto Corsini / Rudolf Lill: Südtirol 1918–1946. Bozen 1988, Kap. III–V., oder Franz Huter (Hrsg.): Südtirol. Eine Frage des europäischen Gewissens. München 1965, S. 317.

[257] Angelo Ara: Das faschistische Italien in den Jahren 1938/39 und seine Politik in Südtirol. In: Lill 1991, S. 63–82, hier S. 75–77.

258 Kammer/Bartsch 1999, S. 21/22 (Antikominternpakt).

259 Ara 1991, S. 67.

260 Zitiert nach Petersen 1989, S. 130.

261 Vgl. oben das Kapitel „Opfer von Hitlers Germanisierungswahn".

262 Brockhaus 2001, Bd. 20, S. 728 (Stahlpakt); Kammer/Bartsch 1999, S. 248 (Stahlpakt).

263 Kammer/Bartsch 1999, S. 61/62 (Dreimächtepakt).

264 Brockhaus 2001, Bd. 15, S. 282 (Mussolini).

265 Lill 1991, S. 16/17.

266 Zitiert nach Petersen 1989, S. 141.

267 Zitiert nach Petersen 1989, S. 142.

268 Steininger 1989, S. 19/20.

269 Lill 1991, S. 21/22. Vgl oben das Kapitel „Opfer von Hitlers Germanisierungswahn".

270 Eisterer 1989, S. 181.

271 Adolf Leidlmair: Die Durchführung der Option und ihr Ergebnis. In: Lill 1991, S. 177–197, hier S. 179/80.

272 Steininger 1989, S. 17.

273 Gisela Framke: Pläne und Initiativen Ettore Tolomeis zur Abwanderung oder Aussiedlung der Südtiroler. In: Lill 1991, S. 27–45, hier S. 30/31.

274 Gatterer 1968, S. 203/04.

275 Maria Veronika Rubatscher: Die Option 1939 in Südtirol. Ein Zeugnis zur Geschichte. Calliano 1986, S. 20.

276 Steurer 1980, S. 339.

277 Friedl Volgger: Mit Südtirol am Scheideweg. Erlebte Geschichte. Innsbruck 1984, S. 58.

278 Klaus Eisterer: „Hinaus oder hinunter!" Die sizilianische Legende: eine taktische Meisterleistung der Deutschen. In: Eisterer/Steininger 1989, S. 179–207.

279 Steininger 1989, S. 23–27.

280 Josef Gelmi: „Die hirtenlose Herde" – Kirche und Option. In: Eisterer/Steininger 1989, S. 239–263, hier S. 248–254; ders.: Kirche und Option. In: Lill 1991, S. 161–176.

[281] Die Angaben der einzelnen Autoren hierzu schwanken.

[282] Schreiben Himmlers vom Oktober 1939 an den „Leiter der deutschen Ein- und Rückwandererstelle" Wilhelm Luig in Bozen, wiedergegeben in: Eisterer/Steininger 1989, Abb. 30.

[283] Lill 1991, S. 22. Weitere Vorschläge für mögliche Ansiedlungen waren Burgund (um Besançon) und die Krim (neuer Reichsgau „Taurien").

[284] Karl Stuhlpfarrer: Umsiedlung Südtirol 1939–1940. Wien/ München 1985, Bd. 1, S. 194/95.

[285] Leidlmair 1991, S. 189–195; Karl Stuhlpfarrer: Die defekte Umsiedlung. In: Eisterer/Steininger 1989, S. 275–297, hier S. 293.

[286] Stefan Lechner: Rückoption und Rücksiedlung nach Südtirol. In: Eisterer/Steininger 1989, S. 365–402, hier S. 365/66.

[287] Vgl. Kapitel „Der Autor Adolf Hitler".

[288] Mein Kampf, S. 20.

[289] Brigitte Hamann: Hitlers Wien. Lehrjahre eines Diktators. München 1996; im Folgenden ist die Taschenbuchsonderausgabe von 2001 zitiert.

[290] Hamann 2001, S. 7.

[291] Hamann 2001, S. 50.

[292] Hamann 2001, S. 340/41 bzw. 356. Vgl auch Johann Dvořák: Politik und die Kultur der Moderne in der späten Habsburger-Monarchie. Innsbruck/Wien 1997, Kap. 6 und 7.

[293] Mein Kampf, S. 106/07.

[294] Hamann 2001, S. 364.

[295] Franz Jetzinger: Hitlers Jugend. Wien 1956, S. 263.

[296] Hamann 2001, S. 215–219. Vgl. hierzu auch Emil Kläger: Durch die Quartiere der Not und des Verbrechens. Wien 1908; Max Winter: Höhlenbewohner in Wien. Brigittenauer Wohn- und Sittenbilder aus der Luegerzeit. Wien 1927; ders.: Im unterirdischen Wien (Großstadt-Dokumente Bd. 13). Berlin o.J.

[297] Hamann 2001, S. 195 ff. bzw. S. 254–257.

[298] Mein Kampf, S. 23.

[299] Hamann 2001, S. 212–214.

[300] Mein Kampf, S. 23.

[301] Mein Kampf, S. 30.

[302] Mein Kampf, S. 24.

[303] Hamann 2001, S. 398.

[304] Mein Kampf, S. 135.

[305] Hamann 2001, S. 428.

[306] Hamann 2001, S. 219–221.

[307] Hamann 2001, S. 227–234.

[308] Hamann 2001, S. 499/500 und 240–242.

[309] Statistisches Jahrbuch der Stadt Wien für 1908. Wien 1910, S. 832.

[310] Mein Kampf, S. 65/66.

[311] Hamann 2001, S. 563/64.

[312] Mein Kampf, S. 75.

[313] Michael Erbe: Die Habsburger 1493–1918. Eine Dynastie im Reich und in Europa. Stuttgart/Berlin/Köln 2000, S. 223–226.

[314] Mein Kampf, S. 77.

[315] Hamann 2001, S. 127.

[316] Henry Cord Meyer: Mitteleuropa in German thought and action 1815–1945. Den Haag 1959, S. 35 (in der Übersetzung von Hilf 1995, S. 42).

[317] Brockhaus 2001, Bd. 16, S. 369/70 (Österreich/Österreich-Ungarn 1867–1918); Bd. 3, S. 513 (Böhmen/Geschichte).

[318] Mein Kampf, S. 100/01.

[319] John Leslie: Franz Ferdinand. In: Brigitte Hamann (Hrsg.): Die Habsburger. Ein biographisches Lexikon. München 1988, S. 142–144, hier S. 143.

[320] Mein Kampf, S. 101.

[321] Hamann 2001, S. 153/54.

[322] Mein Kampf, S. 101 bzw. 13.

[323] Nach Hamann 2001, S. 437, betrug der Bevölkerungsanteil

der Deutschen „in Cisleithanien nur 35,6 Prozent – und im Gesamtstaat Österrreich-Ungarn noch viel weniger".

324 Leslie 1988, S. 142/43.

325 Brigitte Hamann: Franz Joseph I. In: Dies. (Hrsg.): Die Habsburger. Ein biographisches Lexikon. München 1988, S. 138–141, hier S. 140.

326 Mein Kampf, S. 174.

327 Mein Kampf, S. 175.

328 Mein Kampf, S. 78.

329 Mein Kampf, S. 78/79.

330 Felix Somary: Erinnerungen aus meinem Leben. Zürich o.J., S. 28/29.

331 Mein Kampf, S. 13.

332 Mein Kampf, S. 429.

333 Erbe 2000, S. 152.

334 Mein Kampf, S. 13.

335 Mein Kampf, S. 14.

336 Mein Kampf, S. 11.

337 Poetsch wird in der ersten Auflage von „Mein Kampf" irrtümlich mit dem Vornamen „Ludwig" genannt; vgl. Briefwechsel zwischen Poetsch und Hitler am 20.06. bzw. 02.07.1929 (Bundesarchiv Koblenz, NS 26/15), abgedruckt bei Maser 1981, S. 329/30.

338 Mein Kampf, S. 12.

339 Hamann 2001, S. 24.

340 Mein Kampf, S. 13.

341 Hamann 2001, S. 25.

342 Mein Kampf, S. 10.

343 Werner Jochmann (Hrsg.): Adolf Hitler. Monologe im Führerhauptquartier 1941–1944. Die Aufzeichnungen Heinrich Heims. Hamburg 1980, S. 185.

344 Mein Kampf, S. 286.

345 Helmut M. Müller: Schlaglichter der deutschen Geschichte. 2., aktualisierte und erweiterte Auflage Mannheim 1990, S. 172 und 176.

[346] Helmut Graf von Moltke: Über den angeblichen Kriegsrat in den Kriegen König Wilhelms I.; zitiert nach: Johann Friedrich Crome: Preußens Gloria – Deutschlands Unglück. Zeven 1981, S. 11.

[347] Müller 1990, S. 177.

[348] Hitler erwähnt in „Mein Kampf" diese „Bismarcksche Auffassung" zweimal: S. 230 und eingehender S. 295.

[349] Mein Kampf, S. 572.

[350] Mein Kampf, S. 103.

[351] Vorfriede von Nikolsburg am 26. Juli 1866 und Friedensschluss in Prag am 23. August 1866 (vgl. Müller 1990, S. 176/77.)

[352] Sebastian Haffner: Preußen ohne Legende. 1. vollständige Taschenbuchausgabe Hamburg 1998, S. 377.

[353] Rovan 1995, S. 480.

[354] Vgl. hierzu und zum Folgenden: Müller 1990, S. 180–185.

[355] Mein Kampf, S. 103/04.

[356] Mein Kampf, S. 103.

[357] Rovan 1995, S. 496.

[358] Hermann Münch: Böhmische Tragödie. Braunschweig 1949, S. 278. Vgl. auch Hilf 1995, S. 41/42.

[359] Müller 1990, S. 182/83.

[360] Mein Kampf, S. 635/36.

[361] Hartmann 2004, S. 425–428.

[362] Rovan 1995, S. 486 und 491.

[363] Müller 1990, S. 183/84.

[364] Haffner 1998, S. 413.

[365] Rovan 1995, S. 491.

[366] Müller 1990, S. 163.

[367] Mein Kampf, S. 733.

[368] Mein Kampf, S. 734.

[369] Mein Kampf, S. 635.

[370] Siehe Kapitel „Hitlers Verrat an Südtirol zugunsten der italienischen Faschisten".

[371] Müller 1990, S. 192/93.

[372] Mein Kampf, S. 744.

[373] Müller 1990, S. 190 bzw. 263/64.
[374] Mein Kampf, S. 170.
[375] Mein Kampf, S. 189/90.